K-반도체 성공스토리

삼성맨 발자취
K-반도체 성공스토리

초판 1쇄 인쇄 2024년 06월 24일
초판 1쇄 발행 2024년 07월 11일

신고번호 제313-2010-376호
등록번호 105-91-58839

지은이   다니엘 우(Daniel Woo)

발행처   보민출판사
발행인   김국환
기획   김선희
편집   박영수
디자인   김민정

ISBN   979-11-6957-183-8   03810

주소   경기도 파주시 해올로 11, 우미린더퍼스트@ 상가 2동 109호
전화   070-8615-7449
사이트   www.bominbook.com

• 가격은 뒤표지에 있으며, 파본은 구입하신 서점에서 교환해드립니다.
• 이 책은 저작권법에 의하여 보호를 받는 저작물이므로 무단 전재와 복사를 금합니다.

삼성맨 발자취

K-반도체 성공스토리

다니엘 우(Daniel Woo) 회고록

기흥/화성캠퍼스 반도체 제조현장에서
23년간 삼성맨으로 근무했었던 다양한 에피소드들

프롤로그

마그마와 같은 열정, 삼성맨 이야기

『K-반도체 성공스토리』는 저자가 23년간(1991년 12월~2013년 9월) 삼성맨으로 근무했던 기흥/화성캠퍼스 반도체 제조현장에서 있었던 다양한 에피소드를 바탕으로 K-반도체의 성공이야기를 일반인들이 알 수 있도록 정리한 책이다.

'온고지신(溫故知新)'이라는 말처럼 반도체 성공사례를 돌이켜봄으로써 경쟁사보다 뒤처진 부문에 집중하고, 신제품 선행개발과 생산량 극대화를 통해서 시장 우위를 선점하여 모든 부문에서 세계 1위가 되길 바란다.

4차 산업혁명의 핵심기술로서 반도체의 역할이 강조되는 가운데 삼성은 이미 시장에서 지속 성장 가능성을 보여주고 있다. 앞으로 변화와 혁신을 통해서 현재의 어려움을 극복하고 세계적인 기업들을 뛰어넘기를 바란다.

메모리, 파운드리, 무선세트(스마트폰) 등 3가지 부문에서 트리플 약세이며, 삼성 위기론이 거론되고 있기 때문에 약간의 힘을 보태고자 그 당시 개선이 필요한 부분에 대한 힌트를 제시하여 해결책을 찾는 실마리가 되길 바란다.

책의 순서는 디어 마이 컴퍼니, 반도체 기본내용, 비긴 어게인, 브이아이피 그리고 저자의 성장과정이며, 반도체 이야기와 지식을 흥미롭게 살펴볼 수 있고, 또한 저자의 자서전적인 내용도 담겨 있어 개인이 회사에 미치는 영향도 공감할 수 있다.

K-반도체가 기존 선진국들을 앞지르며 메모리 부문에서 세계 1위를 달성했던 이야기를 그 당시 제조현장 리더로서 경험을 실감나게 전하고, 함께 동고동락했던 오퍼레이터, 엔지니어, 관리자, 협력사의 열정도 살펴볼 수 있다.

Chip 4 반도체 동맹(한국, 미국, 일본, 대만)에 대한 내용이 거론되고, 2022년 5월에는 미국 바이든 대통령이 삼성전자 평택캠퍼스를 방문하여 K-반도체에 뜨거운 관심을 보였다. 이와 같이 미국이 4개국을 선택한 이유에 대해서도 알 수 있다. 책의 내용이 10년 전 (1991~2013년)에 있었던 일들을 회고하면서 작성하여 현재와는 다를 수 있음을 밝힌다. 이 책이 반도체 분야에 종사하고, 반도체나 삼성에 입사를 준비하는 분들에게 유익하길 바란다.

저자의 말

현재가 최고의 선물! 소중한 것 먼저 하기!

어렸을 적에는 흔히 말하는 흙수저로, 어떻게 하면 가난에서 벗어나 돈 걱정 없이 살 수 있을지에 대한 꿈이 가장 큰 관심사였다.

"근검절약!"
"불가능이란 없다."
"무인도에서도 살아남을 수 있다."

이 3가지를 좌우명으로 삼아 치열하게 살았던 것 같다. 어린 시절에는 감당하기 힘든 사건들로 어두운 터널 속에 들어가는 것 같았고, 학창 시절에는 어두운 터널 끝의 밝은 빛을 보며 열심히 달려갔다. 삼성에 입사하면서는 어두운 터널을 벗어나 밝고 정리된 고속도로를 달리며 희망찬 미래를 꿈꾸었다.

IMF외환위기(1997)를 겪으면서 주변에서 구조조정으로 인한 해고가 일어나는 것을 목격하며 두려움도 느꼈고, 경쟁사회에서 살아가는 데 있어서의 어려움과 압박을 실감했다. 반도체 메모리 세계 1위 FAB, EDS 제조부서장으로서 생산량을 극대화하는 임무를 수행했으나 갑작스럽게 회사를 떠나게 되었다.

지천명의 나이가 되니 공수래공수거(空手來空手去)라는 한자성어가 떠오르며, 마음을 비우고 순리에 따라 살아가기로 마음먹었다. 소중한 추억을 글로 남기고, 대중에게 잘 알려지지 않은 K-반도체 성공스토리를 공유하고, 더욱 발전하기를 소망하면서 글을 쓰기 시작했다.

남은 인생을 어떻게 살아야 하는가를 자문하게 되는데 잘 마무리하는 것이 중요할 것 같다. 현재가 최고의 선물이라는 말처럼 매 순간순간이 마지막이라는 생각으로 살아가려고 한다. 지나친 바쁨 속에서 소중하고 중요한 것이 무엇인지 깨닫지 못한 과거를 돌아보면서 이제는 건강을 최우선으로 생각하고 가족, 친구, 지인 등 주변을 더 주의 깊게 살펴봐야겠다. 인생을 살면서 가장 인상 깊고 공감했던 다음의 내용에 대해서 공유하고 싶다.

하버드 연구팀이 진행한 75년간의 연구

'하버드 대학교는 무엇이 사람을 건강하고 행복하게 만들어줄까?'라는 의문에 해답을 얻기 위해 최장 기간 인생 연구를 진행했다. 그 연구에 대해 짤막하게 요약한다.

하버드 연구팀은 무려 75년간 남성 724명의 인생을 추적했다. 그들의 십대 시절부터 노년기의 인생 전체를 추적했다. 최초의 연구대상 724명 중 수십여 명이 지금도 생존해 있으며, 지금도 연구에 참여하고 있다. 그들 중 대부분은 90대이다.

실험 참가자들의 인생은 정말 다양했는데 공장 인부, 변호사, 의사, 미국 대통령까지 직업도 다양했다. 몇 명은 알코올중독이 되었고, 몇 명은 정신분열증을 얻었다. 반면에 몇 명은 신분 상승에 성공해 사회의 가장 밑바닥에서 맨 꼭대기까지 올라갔다. 이처럼 다양한 사람들이 다양한 인생을 살았다.

하버드 연구팀은 이렇게 수만 페이지짜리의 인생 데이터를 통해 무엇을 배웠을까? 그들의 인생을 연구한 결과, 관계의 질이 중요하고 고독, 외로움이 가장 문제라고 한다. 가족, 친구, 공동체와의 만족스러운 관계, 친밀하고 좋은 관계가 건강하고 행복한 삶을 유지하게 하고, 뇌도 건강하게 한다는 것이다.

미국의 대문호인 마크 트웨인의 말을 인용하여 마무리한다.

'시간이 없다. 인생은 짧기에 다투고 사과하고 가슴앓이하고 해명을 요구할 시간이 없다. 오직 사랑할 시간만이 있을 뿐이며, 그것은 말하자면 한순간이며, 좋은 관계가 좋은 삶을 만든다.'

서로 사랑하고 삽시다.

사람 관계에 대한 성경 내용인데 항상 가슴에 새기며 살아가려고 한다. 중요 포인트는 각자의 가르침만 따르는 것이다.

골로새서 3장

18. 아내들아 남편에게 복종하라. 이는 주 안에서 마땅하니라

19. 남편들아 아내를 사랑하며 괴롭게 하지 말라

20. 자녀들아 모든 일에 부모에게 순종하라. 이는 주 안에서 기쁘게 하는 것이니라

21. 아비들아 너희 자녀를 노엽게 하지 말지니 낙심할까 함이라

22. 종들아 모든 일에 육신의 상전들에게 순종하되 사람을 기쁘게 하는 자와 같이 눈가림만 하지 말고 오직 주를 두려워하여 성실한 마음으로 하라

다니엘 우(Daniel Woo)

축하메시지 1 – **James**

인생은 언제나 뜻밖의 일의 연속입니다. 좋은 일이 있을 때도 있지만, 어려움과 실패가 더 많이 따르기도 하지요. 지난날에 대한 후회보다는 감사를 느끼고, 미래를 준비하는 것이 중요하다고 생각합니다. 과거의 경험들은 현재의 나의 실체를 알게 하며, 어떤 삶을 살아갈 것인가라는 질문에 답을 주는 자산입니다. 과거에 머물면서 미래를 생각하지 않는 것은 더 위험합니다.

새로이 놓인 출발선에 자신 있게 서서, 언제나 자신의 가능성을 믿고 도전하고 사는 저자에게 큰 박수와 응원을 보냅니다.

축하메시지 2 – **김중근**

저자는 교회에서 만난 친구이고, 만난 지 얼마 되지 않은 것 같은데 10년의 세월이 훌쩍 지났고, 평소에 친구들의 말을 잘 들어주는 신사이며 반듯하고 깔끔하다. 그 멋진 친구가 책을 펴낸다고 하니 크게 축하할 일이다. 나는 30년 가까이 글을 쓰고 있는 글쟁이다. 글을 쓰고 책을 펴낸다는 것이 얼마나 힘든 작업인 줄 알기에 먼저 박수를 보낸다.

책 내용도 저자가 현장책임자로 몸담았던 삼성반도체 시절의 일들을 회고록 형식으로 진솔하게 담고 있다고 하니 대기업의 속살을 들여다볼 수 있는 좋은 기회가 아닐 수 없다. 대한민국 반도체 성공 역사의 현장 깊숙이 있었던 사람이 직접 눈으로 보고 피부로 느낀 점을 기록한 글이니 회사 외부의 다른 분석전문가들이 쓴 책에서는 볼 수 없는 색다른 공감포인트들을 발견할 수 있을 것이다. 페이지를 넘기다 '아, 그랬었구나?' 하는 탄성이 나올지도 모를 일이다.

책제목이 「K-반도체 성공스토리」다. 회사를 떠난 지 꽤 오랜 세월이 흘렀는데도 저자의 자부심이 느껴진다. 23년간 혼을 담아 근무했으니 어떻게 보면 당연한 일이다. 그러나 회사는 회사다. 아무리 장점이 많아도 효율과 생산성을 따질 수밖에 없기에 아쉽고 안타까운 점도 있었으리라 짐작한다.

「K-반도체 성공스토리」가 현장에서 한 톨의 반도체칩이라도 더 생산하려고 열정을 불태웠던 한 현장관리자의 따뜻하면서도 날카로운 시선을 담고 있기에 경영진에게도 '힌트'를 줄 수 있을 것이라고 기대한다.

저자가 프롤로그에서 '당시 개선이 필요한 부분에 대한 힌트를 제시하여 이에 대한 해결책을 찾는 실마리가 되길 바란다'고 밝혔으니 삼성 입장에서는 감사해야 할 일임이 분명하다. '쓴소리'는 대체로 잘 새겨들으면 좋은 결실로 이어질 수 있기 때문이다.

책의 부제가 '삼성맨 발자취'이다. 저자의 자신감이 느껴지는 대목이다. 앞으로 삼성맨이 될 후배들에게 충심으로 하고 싶은 말을 담았다는 의미일 것이다. 축사를 쓰고 있는 나도 대한민국 국민이다. 대한민국의 국격을 높여준 삼성이라는 기업에 늘 감사한 마음을 갖고 있다. 친구가 자신이 몸담았던 회사가 더 잘되기를 바라는 염원을 담아 오랜 세월 공들인 책이니 참으로 고귀한 책이 아닐 수 없다. 대박을 기원한다.

축하메시지 3 - **이형수**

2022년도 노벨문학상을 받은 프랑스인 아니 에르노(女)의 책인 「단순한 열정」은 자서전적 소설로 뒤늦게 각광을 받게 되었다. 10살도 넘는 연하의 러시아인 외교관과 2년 남짓 동안 불타는 사랑을 사실적으로 묘사하고 있다. 1주일간의 여행을 마치고 귀국한 그 다음날 친구로부터 메시지 하나를 받았다. 몇 년 전부터 쓰기 시작한 자신의 회고록이 완성 단계에 있다는 소식이다. 고등학교를 같은 울타리 안에서 동고동락했기 때문에 책을 보지 않아도 친구의 지난 삶을 어렴풋이 짐작할 수가 있었다.

곧 출간을 앞둔 회고록 「K-반도체 성공스토리」는 친구가 각박한 어린 시절을 딛고 홀로 일어선 논픽션 자서전적인 소설과 같다. 그래서 이 글은 일반 서점에 널려 있는 판타지 소설들과 같이 허구가 아닌 것이 에르노 작품과도 일맥상통한다. 에르노가 82세의 고령에도 본인의 자서전적 소설이 노벨문학상을 받고 각광을 받듯이, 이 글은 모든 것이 불확실한 험난한 세상을 살아가는 젊은이들에게 지침서가 되기를 바란다. 친구의 회고록 발간을 진심으로 축하한다.

축하메시지 4 - **유정석**

나의 친구, 회고록 완료까지의 고단한 과정이었음을 짐작하기에 축하하면서도 친구의 고생을 알기에 마음이 아립니다. 대학 시절부터 봐온 친구는 정말 성실하고, 매사에 열심히 임하는 모습 그대로 회사생활도 그렇게 했을 거라는 짐작을 하게 합니다. 성실히 살아온 친구 고생했고, 축하하고 앞으로 좋은 일들만 있길 기원하며, 아울러 친구들 우정 변치 말고 꼬부랑 할아버지 되더라도 자주 만나면서 지내자. 회고록 출간을 진심으로 축하한다.

축하메시지 5 - **강재구**

비록 다른 분야이기는 하지만 동시대에 나름대로 열심히 살아왔던 나로서는 공감 백배입니다. 요즘 AI 기술인 Chat GPT가 활용되고 클라우드, 빅데이터, 자율주행, 양자정보기술 등 미래기술의 기반 소재이고, 우리 산업의 큰 축인 반도체 신화창조 현장의 주역이었던 저자가 자랑스럽습니다. 정년이라는 단어를 머리에 담고 있는 나이에 회고록을 보니 숙연해지기도 합니다.

축하메시지 6 - **이준재**

「K-반도체 성공스토리」 책출간을 진심으로 축하합니다! 처음에 회고록을 쓴다고 해서 무슨 회고록인가 젊은 나이에 의아해하고 빈말이라 생각했는데 드디어 출간을 앞두고 있네요. 대한민국 최고의 기업 '삼성'에서 근무한 저자의 인생스토리가 회고록으로 출간된다니 무척 궁금하고 빨리 읽어보고 싶습니다.

새로운 면을 다시 보게 되었고, 아무쪼록 이 책이 많이 널리 보급되어 독자 여러분들의 삼성 입사 참고서가 되리라 믿어 의심치 않습니다. '삼성'은 대한민국의 위대한 보배와 같은 회사이고, 저자의 23년간 근무는 저에게 항상 부러움의 대상이었습니다. 인생 2막 삼성맨처럼 신나게 사시고, 가족 모두 건강하세요. 또다시 출간을 축하합니다.

축하메시지 7 – **이요섭**

출간을 진심으로 축하합니다. 저자와 친하게 알고 지낸 지 벌써 10년이 넘었고, 많은 만남과 모임, 여행을 통해서 서로의 성격과 살아온 과정, 앞으로의 비전 등을 많이 얘기하면서 대단한 친구로구나 생각했는데 이렇게 책을 펴낸 것을 보니 또다시 놀랄 수밖에 없습니다. 이공계 출신이라 글을 쓴다는 것이 결코 쉽지 않은 일인데 이 멋진 일을 해내다니 존경하고 부러울 뿐입니다. 책 내용이 자기의 경험과 삶을 통해 삼성전자를 도전하는 젊은이에게 용기와 도전정신을 더욱 고취시킬 수 있을 것 같아 좋은 내용의 책이라 생각합니다.

한라산(1,950m)! 어떤 이들은 별로 높지 않은 산이라 자주 가지만, 어떤 이들은 높다고 해서 한 번마저도 오른 적이 없다는 산입니다. 삼성전자도 그렇지 않을까? 누군가에게는 쉽고, 누군가에게는 어려운 곳이 아닐까? 이 책을 통해서 한번 도전해보는 젊은 친구들이 많이 있기를 바랍니다. 또다시 축하하며 건강하고 행복하길 바랍니다.

축하메시지 8 - **송수영**

사람은 태어나서 3가지 이름을 갖는다고 한다. 첫 번째는 태어날 때 부모가 붙여주는 이름이고, 두 번째는 벗들이 정을 담아 부르는 이름, 마지막으로 생을 되돌아볼 때 얻는 명성이다. 이 세 가지 이름을 모두 가진 자신의 삶을 기억하며, 앞으로 남은 삶에 행복이 가득하길 바란다.

축하메시지 9 - **정성욱**

'차가운 머리, 뜨거운 가슴'은 저자에게 딱 어울리는 말이 아니지 않을까 싶다. '차가운 머리, 뜨거운 가슴'은 영국의 유명 경제학자로 알려진 '앨프리드 마셜(Alfred Marshall)'의 유명한 명언이다. 그는 우리가 흔히 알고 있는 '수요'와 '공급'의 법칙을 만들었으며, 거시경제학의 기초를 만든 사람이라고 볼 수 있다. 그로 인해서 경제시스템 구축을 위한 발판이 되었으며, 또한 그가 세운 경제법칙, 그리고 그의 수많은 노하우가 세계 경제에 아직까지도 지대한 영향을 미치고 있는 것에 대해 반론의 여지가 필요하지 않을 수가 없을 것이다.

본인이 저자를 앨프리드 마셜과 비교한 이유에 대해 설명을 하자면, 저자의 경우, 삼성에 91년에 입사하여 그가 삼성과 같이 그려온 장대한 서사시를 우리는 한눈에 저자의 책으로 확인할 수 있을 것이다. 그는 초기 삼성반도체가 지금의 성공까지 걸어오는 길에 같이 동행해왔으며, 반도체 제조라는 막중한 무게를 짊어지고 반도체 제조 및 공급 안정화에 기여하였다.

본인 또한 반도체 제조현장 출신이지만 본인이 독자들에게 말하고 싶은 것은 반도체는 각각 분야도 중요하지만, 제조의 경우 흐름을 읽지 못한다면 그것은 안정화로 이어지는 길을 잃는 것이며, 길을 잃는다는 것은 제조의 악영향을 미치게 될 것이다. 그렇게 된다면 어떤 일이 발생이 될 것인가? 제조의 생산 리스크로 인해 우리나라 경제에도 영향이 미치게 되며, 곧 세계 반도체 공급망에 대한 이슈가 생길 것이다.

본인이 저자의 직무에 대한 경험은 없지만 저자의 직무의 경우에는 반도체 제조 공정에서 누구보다 냉철해야 할 것이며, 관리자로서는 누구보다도 열정적이며, 부하 직원들 및 같은 팀원들에게는 누구보다 따뜻한 가슴을 가지고 있다고 생각한다.

삼성은 글로벌 일류기업이다. 모두 다 들어가고 싶은 기업이 아닐 수 없다. 하지만 삼성이라는 대기업에서도 그 안의 테두리에서 본인 역량과 비전을 회사에 제시하면서 회사생활을 하는 것은 녹록하지 않을 것이다.

삼성은 우리가 칭하는 소위 '엘리트' 집단으로 구성되어 있는 회사이다. 그 엘리트 집단에서 23년을 버티는 게 과연 쉬운 일인 것인가라는 고민에 빠져들게 된다. 현재, 러시아-우크라이나 전쟁, 미국과 중국 반도체 전쟁으로 인해 미국이 연준(미국 연방중앙은행)에서 금리 인상을 자이언트 스텝(Giant step)을 하면서 우리나라를 비롯한 세계 각국이 유례 없는 금리 인상 조치로 인해서 물가가 상승하고 있으며, 곧 대한민국도 스태그플레이션(Stagflation)으로 직면할 것이라고 우려하는 시대에 우리 젊은 세대들은 살고 있다.

과연 무엇을 보며, 어떤 것을 준비해 앞으로 벌어질 난관에 대한 준비와 예방할 수 있을 것인가? 우리는 저자의 책을 통해서 그에 대한 답을 찾을 수도 있을 것이라고 생각한다. 더구나 반도체에 대한 직업을 희망하고 있는 독자라면 더더욱 저자의 책을 권하고 싶다.

저자의 경우에도 현재의 젊은 세대가 처한 현실이 남 일 같지는 않을 것이다. 그는 삼성에 몸담으면서 대한민국이 부도 위기에 놓여 IMF가 찾아왔을 때, 그는 끈기 있게 버텨왔으며, 구조조정 또한 그를 피해갔다. 우리는 그를 통해 앞으로 세상을 살아가는 방향성을 배울 수 있을 것이라고 생각한다. 우리는 수많은 경쟁과 결정을 해야 한다. 결정을 한 것에 대해 우리는 책임 또한 져야 할 것이다. 그게 우리의 삶이다. 가슴으로 닿기에는 너무 아프고 냉정하지만 이것이 현실이다. 우리는 끊임없이 배움을 추구해야 하며 열망을 가져야 한다. 그렇지 않으면 결국 낙오자가 될 것이다.

우리는 저자의 책을 통해 직장생활 그리고 앞으로 삶에 대해 관철하고, 배움의 시간이 될 것이다. 본인이 생각하기에 저자와의 인연을 통해 가치 있는 사람이라는 방향성의 초입 단계를 거쳤다고 해도 무방하다고 본다. 지금도 부단히 끊임없이 노력하는 저자에게 박수의 갈채를 보낸다.

목차

프롤로그 • 4
저자의 말 • 6
축하메시지 • 10

Ⅰ. 디어 마이 컴퍼니

삼성 면접 • 22
삼성 입사 • 24
클린룸(Clean Room) • 27
유틸리티(Utility) • 31
채용(Recruit) • 34
마법의 돌(Magic Stone) • 37
반도체 종류(Type of semiconductor) • 41
메모리 성공스토리 • 43
미션 임파서블(Mission Impossible) • 49
성공 DNA • 54
현장혁신(Innovation) • 58
낭비제거와 가치창조(Value Creation) • 61
6시그마(6σ) • 63
반도체 생산전문가(Expert) • 65
일상(Routine) • 69
패러다임 시프트(Paradigm Shift) • 73

조직문화(Culture) • 75
서바이벌(Survival) • 82
휴먼 리소스(Human Resources) • 84
직장 에피소드(Company Episode) • 92
힌트(Hint) • 100
반도체 동맹(Chip 4) • 118
모든 것을 초월하여(Beyond All) • 120
굿바이 마이 컴퍼니 • 123

Ⅱ. 반도체 기본내용

4차 산업혁명 • 126
반도체란 무엇인가 • 128
반도체 공정 • 130
반도체의 종류 • 145
반도체 용어설명 • 147

Ⅲ. 비긴 어게인

감사(Thanks) • 156
새로운 도약(Jump up) • 158
법인설립(Establishment) • 161

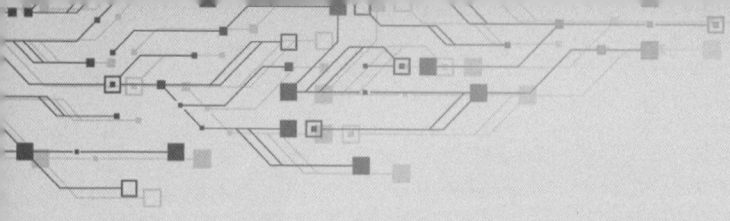

Ⅳ. 브이아이피

가족(Family) • 164
친구(Friend) • 169

Ⅴ. 성장과정

유년 시절(Childhood) • 174
근검절약(Thrift & Saving) • 178
목표(Goal) • 180
선택과 집중(Choice & Concentration) • 184
열정(Passion) • 188
좌우명(Motto) • 191
비전(Vision) • 193

에필로그 • 195

Ⅰ

디어 마이 컴퍼니

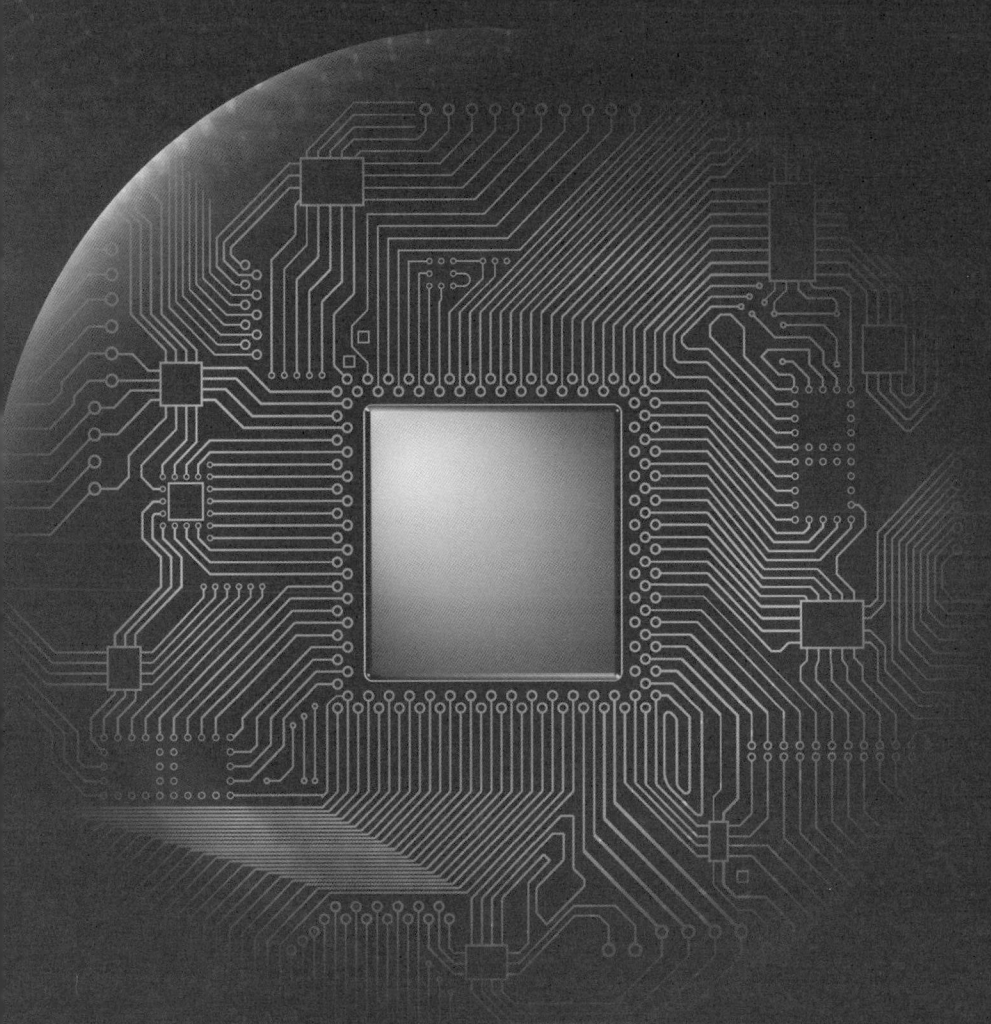

삼성 면접

　군복무를 마치고 대학교 4학년 2학기에 복학해서 취업을 준비했다. 새벽 5시부터 줄을 서서 기다리며 중앙도서관에 자리를 잡고 공부하며 강의실과 도서관을 오가는 일상이었다.
　어느 날, 과사무실에서 ㈜삼성전자 반도체 부문에 지원하라고 연락이 왔다. 지원해서 남대문 삼성 본관에서 면접을 보았다. 면접 당일, 5명의 면접관 앞에서 자기소개, 전공지식, 사회적 이슈에 대한 견해 등 다양한 주제로 질문을 받았다. 면접관 중 1명은 말없이 태도를 지켜보았다. 면접을 준비하면서 전공과 기본상식을 학습하고, 최신 이슈에 대해 주관적인 견해를 정리했다. 자기소개서에는 좌우명을 강조하여 긍정적이고 적극적인 답변을 준비했다.
　삼성 면접관 중 관상쟁이가 있어 '회사에 득이 될지, 해가 될지'를 판단한다는 얘기도 있었다. 마지막으로 면접관은 '회사에 입사하게 된다면 어떻게 해서 회사를 발전시킬 것이냐', '본인의 장단점은 무엇인지' 등을 질문했다.

얼마 후, ㈜삼성전자 반도체에서 합격통지를 받았다. 한편으로는 한국전력공사의 공채시험 결과도 기다리고 있었다. 삼성과 한국전력공사 중에 어느 한 군데를 선택해야 할지 고민이 많았다. 주변 조언과 뉴스 속 반도체 산업의 미래에 대한 긍정적인 전망으로 삼성전자 반도체에 입사하기로 마음먹었다. 졸업 전에 삼성에 취업이 확정되어 기쁨과 함께 앞으로의 미래에 대한 기대가 컸다. 가족과 친지들도 진심으로 축하해주었다. '젊은이여, 야망을 가져라!(Boys, Be Ambitious!)'라는 말이 떠올랐다.

삼성 입사

　입사하고 싶었던 회사에 첫 출근을 앞두고 긴장감으로 잠 못 이루었다. 사람들과 환경, 모든 것이 처음으로 접하는 것이라 걱정되었지만 지금까지 겪었던 어려움을 생각하며 잘 적응할 수 있다고 마음을 다잡았다. 삼성! 취업 선호도 1위 기업에 입사한 것에 대한 자부심이 컸고, 이제까지의 경험과 노력을 바탕으로 어떤 일도 해낼 수 있다는 자신감이 있었다.

　1991년 12월 2일, 삼성 공채 32기 10차로 반도체 총괄에 입사해서 용인에 있는 삼성인력개발원 창조관에서 신입사원 교육을 받았다. 회사는 '인재제일'을 추구하고 있었고, 교육 분위기는 젊은 열정으로 가득 차 있었고, 과제가 주어지면 팀원들이 역할을 분담해서 해결책을 찾아내어 정리하여 발표하는 등 활기차게 이어졌다. 또한, 산행과 극기훈련을 통해 팀워크를 강화하는 과정도 있었고, 이런 과정을 통해서 팀원 간의 단합과 소통의 중요성을 배웠다.

그 당시 경쟁사인 H社의 본거지인 울산에서 삼성이 만든 카메라와 시계를 판매하는 영업실습을 했는데 2명씩 짝을 지어 상가와 사무실 등을 방문하여 고객에게 제품의 기능과 장점을 설명하고 최종적으로는 제품을 구매하도록 하는 것이 목표였다. 이러한 현장실습을 하면서 고객을 설득하고 만족시키는 것이 쉽지 않다는 것을 깨달았고, 이런 과정을 통해서 회사 일원으로서의 소속감을 느낄 수 있었다. 신입사원 교육을 받으면서 빠르게 회사생활에 적응해서 회사에 기여해야겠다는 생각도 있었고, 무엇이든지 마음만 먹으면 해낼 수 있다는 자신감이 있었다.

교육 중에 강조되었던 내용들은 '인재제일, 도전정신, 프로주의, 주인의식, 팀워크' 등이었다. 인재를 중요시하며 어떤 일이든 불가능에 도전하는 정신과 아마추어에서 프로가 되기 위해서 담당업무에 대해 전문가가 되어야 한다고 했다. 회사의 주인이라는 생각을 가지고 업무에 임하고 특히, 단합과 소통을 위한 팀워크가 핵심이라고 강조했다. 신입사원으로서 현재는 백지상태이지만 앞으로 10년 후에 회사에서 성장되어 있는 모습을 상상하면서 밝은 미래를 그려보았다.

1991년 당시, 삼성반도체 부문은 세계적인 선진 반도체 회사들과 비교해서 기술력이 떨어지고, 모든 면에서 후발주자였으며, 삼성그룹 계열사 중에서도 매출, 수익 등 실적 면에서 어려운 상황에 처해 있었다. 이런 상황에서 목표를 달성하기 위해서 업무 강도를 높이고, 미국과 일본의 선진 반도체 회사들을 벤치마킹하여 기술력을 확보하고 품질, 생산량 등 생산성을 극대화하는 것이 미션이었고, 선두를 따라잡기 위해서 모두가 주어진 목표에 집중했다. 일본의 기업문화 및 생산방식, 언어 등을 학습하고 철저히 벤치마킹했다. 이러한 회사의 정책과 방향에 따라 반도체 기술력 확보와 생산 인프라 등을 잘 배워서 표준화하면서 성공을 위해 한 걸음 더 나아갔다.

클린룸(Clean Room)

 반도체에 대한 이해를 돕기 위해서 우선 제조현장에서 가장 중요시하고 기본이 되는 클린룸에 대한 내용을 소개한다. TV에서 반도체에 대한 내용을 방송하면서 방진복(Smock)[1]을 입은 오퍼레이터와 제조현장의 모습이 화면에 보이곤 하는데 이에 대한 것이다.
 반도체는 눈으로 보이지 않는 미세한 전자소자(Device)[2]로 만들어지기 때문에 공장을 클린룸(Clean Room)[3]으로 만든다. 제조 가공라인(FAB)[4] 기준으로 온도 23℃, 습도 45%, Clean Class[5] 10(미 연방 기준으로 $1ft^2$당 0.5㎛ 크기 부유입자 10개 수준) 등 3가지 기준을 만족해야

---

1 Smock : 반도체 클린룸 작업복
2 Device : 트랜지스터, 커패시터, 다이오드, 저항 등 전자소자
3 Clean Room : 반도체 제조라인
4 FAB : Fabrication(제조)의 약자
5 Clean Class : 오염 수준

한다. 이중에 한 가지라도 기준이 충족되지 않으면 품질문제가 생기기 때문에 공장을 가동할 수 없다. 이러한 기준에 맞는 환경조건을 유지하기 위해서 365일 멈추지 않고 공조시스템을 가동한다. 보통 1년 주기로 클린룸의 가동을 중지하고 과수클린(H_2O Clean)[6]을 하는데 공장에서 사용하는 과수(H_2O)는 불순물이 기준치 내로 깨끗한 상태로 유지되어야 하기 때문에 주기적으로 실행한다. 과수클린은 보통 하루 정도의 시간이 소요되는데 화공약품(Chemical), 가스(Gas), 전기, 공업용수 등 공급이 중단되고, 그동안 미뤄놓았던 전산시스템 업데이트, 설비 유지보수, 현장정비, 각종 작업 등도 함께 실시된다.

    클린룸 공조시스템의 가동이 중단되기 때문에 현장 내에 있는 웨이퍼(Wafer)[7]가 오염되지 않도록 방진비닐을 덮어 외기에 노출되지 않도록 하고 또한, N2 Gas를 Blow하여 웨이퍼 표면 위에 자연산화막(Natural Oxide : SiO_2 성분)[8]이 생성되지 않도록 한다. 왜냐하면 이것이 절연막 역할을 하게 되어 만들고자 하는 전자소자를 만들 수 없기 때문이다.

    과수클린이 완료되면 불순물 농도 등을 측정하여 기준치에 만족

---

6 H2O : 과수를 말하며 FAB에서 사용하는 공업용수
7 Wafer(웨이퍼) : Si이 주성분인 반도체 원재료(원형 6, 8, 12inch)
8 Natural Oxide(자연산화막) : 웨이퍼(Si)가 공기(O_2) 중에서 반응하여 SiO_2 생성

되어야 하는데 간혹 정상이 되기까지 많은 시간이 소요되어 밤을 지새우며 조바심으로 보낸 적도 있었다. 반도체 생산목표를 달성하는 데 책임지고 있는 현장관리자이었기 때문에 더 그랬던 것 같다. 불순물 농도가 정상이 되면 설비 Back up[9]을 시작하고, 온·습도, Clean Class 등 클린룸의 환경이 기준치를 만족해야 생산활동이 가능하다. 이와 같이 반도체를 생산하기 위해서 클린룸의 환경은 중요하며 항시 모니터링하고 기준치를 관리해야 한다.

장마철에 천둥번개가 칠 때 순간 정전이 되면 전압이 변동되어 공조시스템이 가동을 멈춰서 온·습도, Clean Class 등이 기준을 벗어나서 생산을 중단하는 경우도 있다. 설비가 Down[10]되어 진행하고 있던 웨이퍼가 폐기되거나 품질문제가 발생하는 경우도 있었는데 이 때문에 부족한 생산량을 만회하느라 노심초사 뛰어다녔다. 그래서인지 반도체 제조현장에서 장마철은 반갑지 않은 손님이다.

가끔 지진의 영향으로 포토(PHOTO)[11] 공정을 진행하는 ASML[12] 설비가 가동이 중지되어 생산 차질이 발생하는 경우가 있다. 그 이유는 지진이 발생하면 땅이 흔들려서 수평 레벨이 맞춰져 있는 설

---

9 Back up : 설비 정상화 작업
10 Down(다운) : 설비 고장
11 PHOTO(포토) : 반도체 8대 공정 중의 하나로 집적회로 패턴 형성
12 ASML : PHOTO 공정설비

비가 순간적으로 레벨이 틀어져서 설비 Error[13]가 발생했다. 반도체 공장부지를 선정할 때 지진 발생 여부도 중요한 항목이다. 반도체가 제조 공정을 거쳐 상품화되기까지는 수많은 관리항목들이 있지만 그중에서 가장 중요한 것이 클린룸 환경이다.

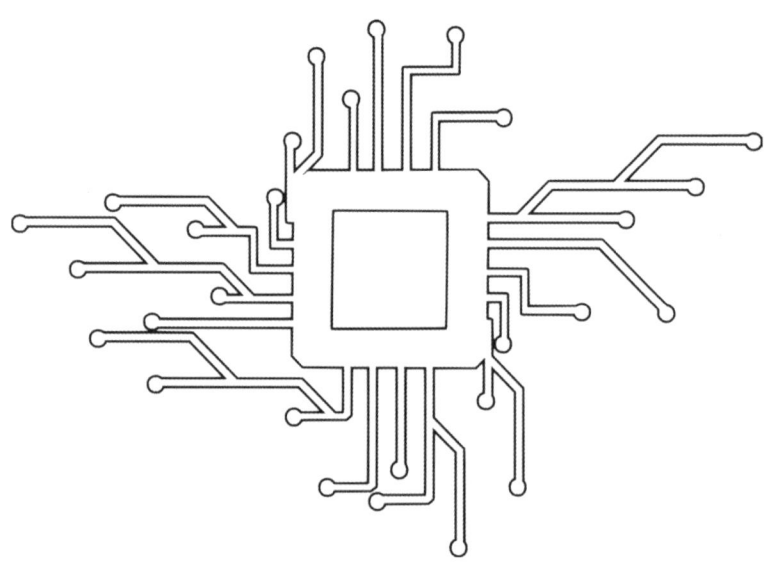

---

13 Error(에러) : 설비 오류, 실수

유틸리티(Utility)

 반도체 사업은 필요한 기반시설을 구축하게 되는데 투자비용이 조 단위 이상으로 크고 대규모이다. 반도체는 웨이퍼를 투입해서 상품화하기 위해서 제조(FAB), 웨이퍼테스트(WT)[14], 패키지(PKG)[15] 라인 등을 거치는데 품질 확보를 위해서 클린룸으로 건설한다. 전기, 공업용수, 1·2차 배관과 같은 유틸리티 시설과 제조설비, 계측기, 부대설비, 자동화 시스템 등을 구성하는 대규모의 장치산업이다. 또한 이에 종사하는 수많은 직원, 협력사 등 고용 증대에 기여하는 국가 차원의 산업이다.

 최근에 삼성이 용인 남사에 반도체 300조 원을 투자한다는 뉴스로 주변의 부동산값이 들썩이는 것도 이와 같은 이유이다. 뉴스를

---

14 WT : Wafer Test의 약자
15 PKG : Package의 약자로 반도체 후공정 라인

통해서 화학이나 가스공장에서 폭발, 화재나 누수 등이 발생하여 심각한 피해를 입는 경우를 접하게 된다. 반도체 제조라인(FAB)도 화학약품과 가스를 사용하기 때문에 환경안전을 경영의 제1원칙으로 한다. 자동화가 되어 있지 않던 현장에서는 오퍼레이터[16]가 안전보호구(장갑, 앞치마, 보안경, 방독마스크)를 착용하고 웨이퍼가 담긴 용기를 설비에 직접 넣고 꺼내면서 여러 가지 위험에 노출되었지만 12인치 제조라인(FAB)으로 전환된 이후로는 모든 오퍼레이션이 자동화 시스템과 설비로 운영되고, 현장에 오퍼레이터가 상주하지 않기 때문에 위험은 줄었다. 하지만 설비유지 보수, 고장수리, 더미 테스트(Dummy Test) 등으로 소수의 인원이 현장에서 작업하기 때문에 환경안전을 1순위로 하고 항상 순찰(Patrol)하면서 24시간 365일 관리해야 한다. 안전 인터록(Interlock)도 잘 되어 있지만 환경안전은 아무리 강조해도 지나치지 않는다.

  8인치 웨이퍼 제조라인(FAB)에서 있었던 Episode다. 습식식각(Wet Etch) 설비에서 인산이 누출되면서 흄이 발생하여 앞이 보이지 않고 호흡이 곤란한 상황이었는데 오퍼레이터가 안전보호구도 없이 맨손으로 바닥을 걸레질하면서 손이 인산에 접촉되었다. 응급차를 부르는 상황이었고, 병원으로 이동하면서 인산에 접촉한 손을

---

16 오퍼레이터 : 작업자

생수로 계속 세척해주었고, 혹시 잘못될까봐 많이 걱정되었다. 다행히도 생수로 계속 세척해준 것이 효과가 있어서 상태는 괜찮다는 의사 소견이었다. 이 사고로 담당 임원이 호출하여 보고하는데 "오퍼레이터가 안전보호구 없이 왜 대응하게 했냐?"고 질책했다.

입사 후에 처음 겪은 너무나 놀라운 사건이었고, 환경안전에 대한 중요성을 제대로 깨달은 계기였다. 그 이후로 주기적으로 안전교육을 실시하고 안전이 업무의 1순위가 되었다. 12인치 제조라인(FAB)부터는 모든 오퍼레이션이 자동반송 시스템으로 운영되면서 이러한 사고가 발생할 확률은 적었다. 하지만 항상 위험은 잠재되어 있기 때문에 안전 인터록(Interlock)과 모니터링 시스템, 안전순찰(Safety Patrol)은 항시 가동되어야 한다.

제조현장 관리자로 재직하면서 현장을 매일 순찰하면서 모니터링하고 문제가 발생하면 조치하는 일이 가장 중요한 업무였다. 화학약품 접촉, 가스흡입, 화재, 추락, 낙상사고 등이 발생했을 때 각각 대처방법과 조치사항 등도 표준화해서 주기적으로 교육했다. 이러한 현장의 위험(Risk) 요소에 대해서 각 항목별로 방지대책을 수립하고 사고를 원천봉쇄하여 안전한 반도체 현장을 유지했다. 반도체는 고부가가치인 동시에 고위험 사업이기 때문에 환경안전을 경영의 1순위로 하는 것이 당연하고 중요하다.

채용(Recruit)

　　우수한 인재를 채용하는 것은 회사의 중요한 활동 중 하나이다. 반도체 제조현장 오퍼레이터를 채용하기 위해서 전국을 순회하여 많은 여고를 방문하여 면접을 진행해서 다양한 인재를 발굴했다. 반도체 제조라인에서 오퍼레이터의 역할은 매우 중요했다. 12인치 이전의 제조라인은 완전히 자동화되지 않았기 때문에 오퍼레이터가 설비를 작동하고 웨이퍼를 이송하는 역할을 맡고 있었다. 따라서 오퍼레이터를 선발하는 일은 매우 중요하며, 우수한 인력을 채용하기 위해 출장면접을 실시했다.

　　출장면접 전에 면접위원을 3~4명으로 편성하고 사전에 면접방법과 유의사항 등을 공유하고, 학교 방문 시 취업담당 선생님과의 상견례를 거친 후 적성검사와 면접을 진행했다. 면접할 때, 학생들의 다양한 재능을 확인하기 위해서 노래, 춤, 악기, 운동 등을 보여

줄 수 있는 기회를 주었다. 이것은 학업성적 외에도 다양한 영역에서 능력을 보여주는 학생들을 발굴하는 데 도움이 되었는데 현장에서는 다양한 인성과 능력을 갖춘 직원들이 조화롭게 협업하면서 최고의 실적을 발휘할 수 있다는 것을 현장 리더로서 경험했기 때문이다.

축구, 야구 같은 운동경기처럼 반도체 제조현장에서도 각자의 위치(Position)와 역할에 따라 팀이 원활하게 작동해야 된다. 제조 오퍼레이터들이 제품을 만들어내는 과정에서의 역할은 매우 중요하다. 당시에는 오퍼레이터의 손으로 반도체가 만들어졌기 때문에 더욱 중요했다. 이런 상황으로 우수한 인력을 채용하는 것은 매우 중요했다.

현장 리더로서 많은 학교를 방문하고 출장면접을 다니면서 우수한 인재를 채용하는 과정에서 그들의 열정과 능력을 직접 체험할 수 있었는데 즐거운 추억이었다. 그때 채용한 오퍼레이터들이 반도체 메모리 세계 1위의 일원이었다.

현재 반도체 제조현장은 기술의 발전과 자동화가 더욱 진화하면서 8인치에서 12인치 제조라인(FAB)으로의 전환과 함께 완전 자동화 시스템(Full Automation System)[17]이 되었다. 이에 따라 제조 오퍼레

---

17 Full Automation System : 반도체 제조라인을 구성하는 완전 자동화 시스템

이터의 역할은 크게 줄어들었고, 자동화 설비들이 그 역할을 대신하고 있다.

OHT(Overhead Hoist Transfer)[18], Stocker[19], Conveyer[20], Lifter[21] 등의 자동화 설비들이 생산활동을 담당하고 있다. 이렇게 자동화된 시스템은 고도의 정밀도와 효율성을 제공하며, 더 빠르고 안정적인 생산이 가능해지게 되었다. 또한, 자동화는 사람의 개입이 줄어들어 생산성과 품질을 높이는 효과도 가져왔다.

---

18   OHT(Overhead Hoist Transfer) : 반도체 제조라인을 구성하는 자동화 설비로 천정에 설치된 레인을 따라 웨이퍼 용기를 이송하는 장치
19   Stocker : 웨이퍼 용기를 저장하는 곳
20   Conveyer : 자동화 설비를 연결하고 웨이퍼 용기를 이송하는 장치
21   Lifter : 웨이퍼 용기를 상하로 이송하는 장치

마법의 돌(Magic Stone)

'마법의 돌(Magic Stone)'이라는 말은 반도체 제조과정에서 사용되는 실리콘(Si)과 관련하여 나온 표현이다. 반도체의 핵심소재로 사용되는 웨이퍼(Wafer)는 모래에서 추출한 실리콘을 정제하여 둥근 실리콘 잉곳(Ingot)[22]을 만들고, 이를 절단하여 만들어진다. 이 웨이퍼 위에 다양한 공정을 거쳐 반도체 전자소자들이 형성되고, 최종적으로 반도체칩(Chip)[23]이 만들어진다. 이러한 이유로 실리콘은 마치 마법의 돌로 비유된다. 반도체 제조과정을 통해서 실리콘 웨이퍼 위에 다양한 반도체 전자소자들이 형성된다.

다음과 같은 반도체 전자소자(Device)가 웨이퍼 위에 만들어진다.

---

22   Ingot(잉곳) : 실리콘(Si)을 녹여 만든 봉
23   Chip(칩) : 웨이퍼로 반도체 제조 공정을 완료 후 Chip으로 절단하여 Package하고 제품화하여 출하

① 트랜지스터(Transistor)

신호를 증폭하거나 스위치로 역할을 하는 반도체 소자로, 컴퓨터 등의 디지털 전자기기에서 중요한 역할을 한다.

② 저항(Resistor)

전기전자를 통제하는 역할을 하는 소자로, 전류의 흐름을 조절한다.

③ 다이오드(Diode)

전류의 방향을 제어하는 반도체 소자로, 전기를 한 방향으로만 흐르게 한다.

④ 커패시터(Capacitor)

전하를 저장하고 방출하는 역할을 하는 소자로, 전기 에너지를 저장한다.

눈에 보이지 않는 미세한 전자소자들을 만들기 위해서 웨이퍼 위에 형성된 패턴은 광학현미경을 사용하여 육안검사(Visual Inspection)[24]

---

[24] Visual Inspection(육안검사) : PHOTO, ETCH 공정 후에 IC 패턴이 정확성과 불량 여부를 광학현미경으로 검사

를 한다. 이 과정에서 포토(PHOTO), 식각(ETCH)[25] 공정을 통해 만들어진 집적회로(IC)[26] 패턴의 정확성과 불량 여부 등을 확인한다. 반도체 제조라인을 일반 공장과는 다르게 클린룸으로 구성하는 이유는 반도체를 제조하면서 먼지나 이물질이 웨이퍼 표면 위에 떨어지면 그 부분의 칩은 전자소자로서 동작하지 못하게 되어 폐기(Reject)하기 때문이다.

불량이 발생하면 그 부분은 손실(Loss)이 되어 원가(Cost)가 높아져서 사업성이 떨어지기 때문에 반도체 제조과정에서 가장 중요한 것은 웨이퍼의 수율(Yield : 양품비율)[27]을 높이는 것이다.

현장에서는 이물질 감소(Particle Reduction) 활동을 최우선으로 추진한다. 각 공정이 완료된 후에 KLA[28] 계측기로 이물질(Particle)[29]을 측정해서 기준치(SPEC)[30]를 벗어나면 원인을 파악해서 해결했다. 공정관리 부서는 이물질(Particle)과 결함(Defect)[31] 데이터를 모니터하여 기준치를 벗어나면 해당 설비를 중지시키고 개선하도록 했다. 제조부서는 8대 공정설비를 운영하면서 생산을 총괄하고 수율 개

---

25 ETCH(에치) : 반도체 8대 공정 중의 하나로 집적회로 패턴에서 불필요한 부분을 제거
26 IC : Integrated Circuit(집적회로)의 약자
27 Yield(수율 %) : (양품 Chip 수 ÷ 전체 Chip 수) × 100
28 KLA : 계측기의 일종으로 Particle을 주로 측정
29 Particle : 먼지 등 부유입자
30 SPEC(기준치) : 공정 후에 CD, 두께, 농도, PC 등을 측정하는 기준치
31 Defect : 비정상인 상태, 결함

선 로트(Lot)³²를 Hot Lot³³로 지정하고 공기(TAT)³⁴를 단축하여 최대한 빠르게 제조라인을 완료(FAB Out)해서 결과를 신속하게 확인하여 전체 확산할 수 있도록 했다.

공기를 단축하는 과정에서 수백 개의 공정에 대한 설비와 공정 Down 등 수많은 변수를 대응하고 해결하면서 오퍼레이터, 엔지니어, 관리자, 협력사 등 많은 인력들의 팀워크가 발휘되었다. 이러한 현장의 양산능력으로 수율과 품질을 빠르게 향상시키고 생산을 극대화했다.

---

32 Lot(로트) : 웨이퍼 25장 단위
33 Hot Lot : 보통 공기보다 더 빠르게 진행하도록 관리하는 Lot
34 TAT(공기) : Turn Around Time의 약자로 반도체 FAB In~FAB Out 소요시간

반도체 종류(Type of semiconductor)

반도체 종류에 대해서 독자들의 이해를 돕도록 간단히 소개하고 K-반도체가 성공을 이룬 부문인 메모리에 대해서 알아보기로 한다. 반도체는 메모리, 비메모리, 기타 소자 등으로 분류된다. 메모리는 정보를 저장하는 장치로서 DRAM[35], SRAM[36], VRAM, NAND FLASH[37] 등이다. 반면에 비메모리는 정보를 처리하는 장치로서 CPU가 대표적이며, ASIC, MPU, Power IC, DSP IC, 마이콤 등이다. 기타 소자로는 TFT, LED, Solar cell, Laser diode, 화합물 반도체 등이다.

K-반도체가 성공한 부문은 메모리이다. 특히 DRAM, NAND

---

35 DRAM : Dynamic Random Access Memory의 약자로 동적 기억장치
36 SRAM : Static Random Access Memory의 약자로 정적 기억장치
37 NAND Flash Memory : 전원이 끊겨도 데이터를 보존하는 비휘발성 메모리

FLASH는 세계 1위로서 위상을 드높이고 있다. DRAM은 용량이 크고 속도가 빠르기 때문에 컴퓨터의 주력 메모리로 사용되고, NAND FLASH는 전원이 끊겨도 데이터를 보존하는 특성으로 대용량 정보저장 용도로 사용된다. 경쟁사 대비해서 분발해야 할 분야는 비메모리이고, 주문생산으로 이루어지기 때문에 파운드리(Foundry)[38] 생산방식과 연관된다. 파운드리는 대만 TSMC[39]가 세계 1위이기 때문에 이를 뛰어넘을 대책을 수립해야겠다.

---

38 Foundry(파운드리) : 위탁생산
39 TSMC : Taiwan Semiconductor Manufacturing Company의 약자로 세계 1위 위탁생산(Foundry) 회사

메모리 성공스토리

뉴스나 매스컴을 통해서 '반도체 신화창조'라는 제목으로 반도체에 대해서 소개하고 있는데 만약에 삼성이 반도체 사업에 성공하지 못했다면 주목받지 못했을 것이다. 이미 대외적으로 알려진 내용이 많지만 메모리 세계 1위가 될 때 최전방 반도체 제조현장 리더로서 경험했던 반도체 메모리 성공이야기를 전하고자 한다.

우선 삼성반도체 연대기를 간략히 살펴보면, 1974년 한국반도체를 인수, 1976년 3인치 웨이퍼[40] 양산에 성공, 1978년 '삼성전자반도체주식회사'로 본격적인 양산체제 구축, 1984년 기흥 제조라인(FAB)에서 4인치(100mm), 6인치(150mm) 웨이퍼를 생산했다.

삼성이 반도체 사업을 시작하기 이전에는 미국의 마이크론, 인

---

40 Wafer(웨이퍼) Size : 반도체에 사용하는 웨이퍼는 원형으로 4inch(100mm), 6inch(150mm), 8inch(200mm), 12inch(300mm)이며, 현재는 주로 12inch 웨이퍼를 사용

텔, 모토롤라, 텍사스 인스트루먼트, 일본의 도시바, NEC, 히타치, 미쓰비시, 후지쯔 등등 선진 회사들이 반도체에 대한 기술력이 앞서고 있었지만 삼성이 이러한 회사들을 앞지를 수 있었던 계기가 있었다.

위기 속에 좋은 기회가 온다는 말처럼 아무도 해보지 않은 미지를 개척하는 선구자처럼 중요한 결정을 하게 되었다. 그 당시에 선진 반도체 회사들은 대부분 4인치나 6인치 웨이퍼로 반도체를 만들고 있었지만 삼성이 8인치(200mm) 웨이퍼 제조라인(FAB)에 선행 투자하고 1992년 양산화에 성공하면서 판도가 바뀌기 시작했다.

6인치에서 8인치로 웨이퍼 크기를 증가시킨 것은 반도체 산업의 혁신 중 하나였다. 대략적으로 면적이 1.3배로 늘어났기 때문에 생산량이 증대하고 부가가치가 높아졌다. 이와 더불어 세계 최초로 64M DRAM MEMORY를 개발하는 데 성공하여 회사의 기술력과 경쟁력을 한 단계 끌어올렸다. 8인치 웨이퍼의 도입은 다음과 같은 이점을 가져왔다.

① 생산량 증대

면적이 증가함에 따라 한 번에 더 많은 칩을 얻을 수 있었고, 이는 생산량의 증대로 이어졌다.

② 부가가치 향상

큰 웨이퍼에서 여러 칩을 생산하면서 생산단가를 낮출 수 있었고, 이는 비용 측면에서 큰 이점이었다.

③ 기술혁신 및 경쟁력 강화

세계 최초로 64M DRAM을 개발하여 회사의 기술력이 강화되고, 세계 시장에서의 경쟁에서 강점으로 작용했다.

이러한 변화로 삼성은 기술력과 생산능력을 갖춘 기업으로의 성장을 이루어냈고, 전 세계적으로 주목받는 기업으로 부상하게 되었다. 그 이후로 삼성은 경쟁사보다 선행투자하는 것을 전략으로 대략 2년마다 신규 제조라인을 양산화하고 더불어 신제품 개발에도 전념하여 1G DRAM, 512MB FLASH MEMORY를 세계 최초로 개발하면서 시장을 선점하여 반도체 메모리 1위를 향해서 거침없이 나아갔다.

삼성은 좀 더 공격적으로 투자하여 경쟁사보다 더 격차를 벌일 수 있는 계기가 있었다. 2002년 12인치(300mm) 웨이퍼 제조라인(FAB)에 투자하여 양산화에 성공하면서 생산성이 2.5배로 증대되어 경쟁사와 더욱 격차를 벌였다. 그 이후에 세계 최초로 20n DRAM, 3D V-NAND FLASH 개발에 성공하고 양산체제를 구축하면서 메모리 부문에서는 절대적인 기술 우위와 원가절감, 시장 지배력을 바탕으로 반도체 메모리 세계 1위가 되었다.

이와 같이 삼성은 1992년 세계 최초로 8인치 웨이퍼 양산에 성공하고 신제품을 지속적으로 출시하면서 급격하게 성장했지만 반면에 미국, 일본의 선진 반도체 회사들은 그 당시 4, 6인치 웨이퍼를 주로 만들고, 8인치 투자가 지연되면서 삼성에게 뒤지게 되었다.

1991년 삼성반도체 총괄에 입사 후 처음 배치되어 근무한 곳이 8인치 웨이퍼를 세계 최초로 양산하는 제조라인이었다. 입사 당시에는 클린룸 공사를 마무리하는 단계였고, 제조부서에 배치되어 오퍼레이터 교육을 담당하고, 클린룸 공사가 완료되어 8인치 웨이퍼를 최초로 투입할 때에 현장 리더로서 오퍼레이터와 함께 4조 3교대 근무를 하면서 그 위대한 변화의 소용돌이 속에 있었다.

그 당시에 동료들 사이에서는 돈을 갈퀴로 긁어 모은다는 말이 오가기도 하고, 수율 향상과 생산성 증대로 매출과 수익이 향상된 것을 실감하고, 회사에서는 여러 가지 포상, 복리후생, 회식비를 적극 지원해서 격려하고 평생직장이라는 말도 했었다.

반도체 사업은 부가가치를 높이기 위해서 동일 면적에 더 많은 반도체 전자소자를 만들기 위해서 축소(Shrink)[41]하는 것이 중요하

---

41 Shrink(축소) : DRAM의 기억용량을 증가시키려면 동일 면적에 더 많은 전자소자를 만들어야 하기 때문에 집적회로를 축소하는 기술이 중요. 반도체 사업에서 시장 우위 선점에 가장 중요한 요소

다. 반도체 시장을 선점하기 위해서 신제품 개발을 지속하고 신규 제조라인(FAB) 투자를 경쟁사보다 선행하는 것이 중요한데 선행투자만이 수익을 창출할 수 있다는 故 이건희 회장의 '스피드 경영'이 기여했다.

대외적으로 서울대, 해외 유명 대학 박사 출신인 대표이사들이 스포트라이트를 받지만 반드시 목표를 달성하고 성공해야 한다는 불굴의 의지로 현장에서 신제품의 조기 안정화, 생산성 증대, 품질 수율 향상에 열정적으로 임했던 오퍼레이터, 엔지니어, 관리자도 잊지 말아야 할 것이다.

삼성반도체 제조현장의 빠른 양산화 능력은 타사와 차별화되는 경쟁력이었다. 신제품이 개발되면 초고속 로트(Hot Lot)를 투입하여 수율, 동작 특성, 신뢰성 등을 신속히 확인하여 양산화하는 것이 중요했다. 현장에서 Hot Lot이 투입되면 오퍼레이터가 손에 들고 설비에서 설비로 뛰어다니면서 공정을 진행하여 공기(TAT)를 보통보다 2~3배 단축하여 FAB Out해서 수율, 동작 특성, 신뢰성 등을 확인하고 전체 확산하여 조기 양산화에 성공하고 매출과 수익을 창출했다. 연구소에서 동작되지 않던 신제품도 현장에 투입해서 적용하면 해결되는 경우가 많았다.

공기단축, 생산능력 증대(CAPA[42] Up), 공정 단순화 등 생산성과 수율 향상, 현장혁신 활동에 주력하여 투자 CAPA 대비 초과 달성해서 추가 생산을 지속해왔고, 이러한 결과로 메모리 1위가 되었다.

삼성이 반도체 메모리 1위가 될 수 있었던 성공요인을 요약하면, 故 이건희 회장의 8인치 투자 결정과 스피드 경영(선행투자), 세계 최초 8인치 양산화 성공(양산능력), 신제품 선행개발(기술력) 등으로 반도체 시장 우위를 선점한 것이다. 1990~2010년 사이에 세계 최초라는 접두어가 많아지면서 반도체 메모리 세계 1위가 되었고, 이것은 결코 우연이 아니라 모두가 열정으로 이루어낸 필연적인 것이었다.

---

42 CAPA(생산능력) : Capability의 약자

미션 임파서블(Mission Impossible)

톰 크루즈가 주연으로 나오는 영화 〈미션 임파서블〉은 불가능한 임무를 부여받아서 목숨을 걸고 성공하는 스토리이다. K-반도체 성공의 시발점도 불가능한 미션을 달성한 기적과 같았는데 어느 누구도 해보지 않은 무(無)에서 유(有)를 창조하는 8인치 웨이퍼 제조라인(FAB)에 세계 최초로 투자를 결정하고 양산화에 성공하는 임무였다.

웨이퍼의 크기도 6인치에서 8인치로 커지고, 이에 따라서 8대 공정을 진행하는 설비도 크기가 커져서 이에 맞춰서 양산조건을 확보하는 것도 처음이고, 모든 것이 새로운 도전이며 선구자였다. 눈으로 보이지 않는 미세한 반도체 전자소자를 만드는 데 수율과 동작 특성이 정상적으로 나오는 것도 불확실한 상황이었지만 모두가 굳은 결의를 가지고 임했다.

1992년 2월 세계 최초 8인치(200mm) 웨이퍼 FAB에 배치받아서 부직장(Unit장)이라는 직책으로 현장관리[43]를 시작했다. 최초로 8인치 웨이퍼가 투입되던 날에 제조과장은 "너 달리기 잘하냐?"라고 물으며 최초로 투입한 8인치 Lot를 설비에서 설비로 이송하라는 임무를 주어서 열심히 뛰었고, 마침내 FAB Out되어 수율이 나왔을 때 열광적으로 환호하며 성공을 만끽했던 감격과 희열은 아직도 생생하다.

현장에서 근무하는 모든 직원은 '수율 향상과 생산성 증대' 활동에 집중했고, 특히 나의 임무는 담당 공정의 설비를 최대한 활용하여 생산성을 극대화하는 것이었다. 4조 3교대 근무하면서 확산(Diffusion)[44] 공정을 운영하고 담당하는 현장 부직장(Unit장)이었고, 관리하는 직원은 30여 명의 오퍼레이터(Operator)[45]와 조장(Aid)으로 편성되었고, 그 당시는 공장자동화가 되어 있지 않아서 모든 작업이 오퍼레이터의 손끝으로 이루어졌고, 최고의 생산 실적을 발휘하도록 관리했다.

오퍼레이터의 작업성이 중요했는데 8인치 웨이퍼가 25장씩 담긴 Run Box[46]를 직접 설비에서 설비로 이송하여 설비에 Loading,

---

43 반도체 제조 현장관리자 : Shift장(직장), Unit장(부직장), Aid(조장)
44 Diffusion(확산) : 반도체 8대 공정 중에 하나로 산화막 형성
45 Operator(오퍼레이터) : 설비를 운영하는 여사원
46 Run Box : 4, 6, 8inch를 25장 단위로 보관하는 박스

Unloading[47]하는 것이 주요 작업이었다. 오퍼레이터의 작업 효율성이 생산 실적과 직결되었고, 작업 테이블에 Run Box를 내려놓을 때의 충격으로 발생하는 이물질(Particle)이나 결함(Defect)은 품질과 수율에 좋지 않은 영향을 주었기 때문에 관리자로서 'Run Box를 애인과 같이 소중히 하라'고 강조하기도 했다.

이처럼 오퍼레이터의 손끝으로 반도체가 만들어졌기 때문에 심성관리가 중요해서 주기적으로 면담하여 소통하고 공감하며 신뢰를 쌓고, 섬기는(Servant) 리더십으로 일했다.

교대근무조는 A, B, C, D 4개조가 있는데 제조부서장은 생산실적으로 서로 경쟁시키는 분위기였기 때문에 좋은 평가를 받기 위해서 열심히 뛰어다니며 일했다. 업무강도가 높았지만 웨이퍼 1장이라도 더 생산하기 위해서 화장실도 못 가며 뛰어다니면서 일했다.

오랜 시간 서서 근무하고 무거운 Run Box를 들고 이동하면서 육체적으로 힘들고 강도 높은 작업이었기 때문에 오퍼레이터의 피로를 풀어주기 위해서 퇴근 후에 회사 후문에 있는 치킨집에서 1인 1닭에 생맥주를 마시면서 스트레스를 해소하면서 즐거워했던 추억도 있었다.

제조 현장관리자부터 제조 그룹장까지 23년간 재직하면서 함께

---

47 Loading, Unloading : 설비 Load Port에 Run Box를 놓고 꺼내는 작업

일했던 오퍼레이터가 수천여 명이었는데 지금은 퇴사한 사람도 있고, 아직 현장에 남아 있는 사람도 있다. 그 당시에 쏟았던 열정과 노고로 불가능한 임무를 성공해서 반도체 메모리 세계 1위를 달성했다는 것에 대한 자부심을 가지면 좋겠다.

지금은 주로 12인치 웨이퍼로 전환되었기 때문에 웨이퍼를 담는 용기(FOUP)[48]의 크기도 커지고, 중량도 무거워져서 오퍼레이터가 이송작업을 하지 않는다. 오퍼레이터가 하던 설비에 넣고 꺼내는 (Loading, Unloading) 작업과 설비에서 설비로 이송하는 작업을 자동 반송 장치인 OHT(Overhead Hoist Transfer)가 한다. 이렇게 함으로써 8인치 제조라인에 대략 600명의 오퍼레이터가 근무했는데 12인치 제조라인은 오퍼레이터는 사라지고 모니터링 인원만 대략 20명 정도로 혁신적으로 인력이 효율화되고 품질도 균일해졌다.

제조부서의 관리자는 '오케스트라 지휘자'라고도 표현했는데 이 말은 현장의 오퍼레이터, 엔지니어들이 각자 맡은 일을 잘할 수 있도록 지휘하는 역할을 해서 생산과 수율 목표를 달성하도록 했기 때문이었다. 매일 아침 생산회의를 하는데 반도체 8대 공정[49] 기술부서장들과 제조, 공정관리가 참석해서 생산목표는 달성했는지, 문제점은 무엇인지, 수율현황과 품질불량에 대해서 발표하고 대책을

---

48 FOUP : Front Opening Unified Pod의 약자로 12inch 웨이퍼 보관용기
49 반도체 8대 공정 : DIFF, PHOTO, DRY ETCH, WET ETCH, CVD, CMP, IMP, METAL 공정

논의했다.

　제조부서와 공정관리가 각각 생산, 수율현황과 이슈사항 등을 브리핑하고 8대 공정기술에서 답변하는 식으로 회의가 진행되었다. 제조는 생산목표 달성을 위해서 8대 공정기술에게 문제점을 신속히 조치하도록 하고 해결될 때까지 체크했기 때문에 기술부서를 재촉하는 입장으로 상호 간에 갈등은 항상 있었지만 이러한 스트레스 속에서 목표를 달성하기 위해서 각자 위치에서 최선을 다했다. 이와 같은 현장의 열정적인 생산활동이 있었기 때문에 매출목표 초과 달성과 수익이 향상되어 국가적으로는 수출이 증가되고 외화를 벌어들이는 결과로 이어지고 경쟁사와 더욱 격차를 벌이며 나아갔다.

　반도체 메모리 세계 1위가 된 것은 결코 우연이 아니고 현장에서 '세계 최초 8인치 양산화 성공'이라는 어쩌면 불가능한 미션을 달성하기 위해서 열정을 불태웠던 제조 오퍼레이터, 엔지니어, 관리자, 협력사 등이 있었기 때문에 가능했다.

성공 DNA

DNA는 생물체의 유전형질을 발현시키는 원인이 되는 인자이고, 염색체 가운데 일정한 순서로 배열되어 생식세포를 통하여 어버이로부터 자손에게 유전정보를 전달한다.

삼성이 반도체 메모리 부문에서 세계적으로 시장 우위를 선점하면서 '성공 DNA'라는 말이 뉴스나 매스컴에 자주 오르내리던 때가 있었다. 반도체 신화창조를 만들어낸 성공인자, 신념 등을 되돌아보는 것도 의미가 있는 일이고, 온고지신(溫故知新)이라는 말처럼 앞으로 K-반도체를 이끌어갈 인재들이 벤치마킹하여 4차 산업혁명을 이끌어가면 좋겠다.

어떻게 보면 개인적이고 주관적일지라도 제조현장 리더로서 경험하고 배우며 느꼈던 대표적인 성공 DNA는 다음의 10가지이다. 이러한 성공인자들이 조직문화 속에 깊숙이 스며들어 직원들의 체질을 바꾸고 습관화되어 메모리 세계 1위 달성에 밑바탕이 되었다.

① 목표의식

목표는 달성해야 한다는 강한 의지를 의미한다. 목표가 주어졌으면 그것을 반드시 달성해야 하며, 달성하지 못할 경우에는 밤낮으로 대책을 수립해서 해결해야 한다.

② 현장혁신

작업장을 항상 깨끗이 정리정돈하고, 항상 혁신 마인드로 작은 불합리라도 지나치지 말고 개선하는 것이다.

③ 낭비제거와 가치창조

모든 부문에서 비효율적인 낭비요소를 제거하고, 돈이 되는 일만 추구하는 것이다.

④ 선택과 집중

선택하면 집중함으로써 높은 효율과 성과를 이끌어내는 것이다.

⑤ 한 방향과 팀워크

슬로건이나 목표가 설정되면 팀 전체가 한 방향으로 힘을 모아 협력하여 전진하는 것이다.

⑥ 열정
모든 일에 대해 열렬한 애정과 관심을 가지고 행하는 것이다.

⑦ 신속한 의사결정
어떤 상황에서도 개인 또는 조직의 이기주의로 인해 결정이 늦어지는 것을 피하고, 빠르고 효율적인 의사결정을 내리는 것이다.

⑧ 변화와 혁신
현재에 안주하지 말고 일신우일신(日新又日新)하여 지속 변화하고 혁신한다. '처자식 빼고 모두 바꿔라!'

⑨ 스피드 경영
빠르게 변화하는 환경에서 경쟁 우위를 차지하기 위해 빠른 의사결정과 실행을 통해 조직이 민첩하게 움직이고, 신속하게 대응할 수 있도록 하는 경영철학이고 전략이다. 선행투자와 신제품 개발로 시장 우위를 선점하는 것이다.

⑩ 도전정신

어려움에 부딪힐 때 꺾이지 않고 새로운 아이디어나 기술을 탐구하며 두려워하지 않는 긍정적인 사고방식이며, 어려운 목표라도 포기하지 않고 달성하는 것이다.

신입사원 시절에 제조팀장은 '현장관리자의 존재 이유는 오퍼레이터를 위해서 희생하며 목표를 달성하는 것이고, 자기 이름 석 자를 잊어버리라'고 했다. 반도체 제조현장에서 23년간 재직하면서 공감하고 동의했던 말이다. 반도체는 오퍼레이터의 손끝으로 만들어지고, 그 당시 생산목표를 달성하지 못하면 회사가 존폐 위기에 있었기 때문이었다. 개인적인 자존심은 잊어버리고 오직 현장관리자로서 목표달성에 매진하라는 의미로 '목표의식'에 대해서 제대로 깨달은 계기였고, 나의 성공 DNA였다.

현장혁신(Innovation)

혁신(革新)은 한자로 가죽을 나타내는 혁(革)과 새로울 신(新)이 결합된 단어이고, 이는 가죽을 새롭게 한다는 의미이다. 가죽을 새롭게 하려면 기존에 있는 가죽을 벗겨내는 고통이 따른다는 것이며, '고통 없이 얻는 것도 없다!(No Pain! No Gain!)'라는 말처럼 혁신은 기존의 관행을 타파하고 새롭게 변신하는 것이다.

혁신은 기업이나 조직에서 경쟁력을 강화하고 발전하는 핵심적인 과정의 하나로 여겨지고 있다. 새로운 아이디어, 기술, 제품 등을 도입하여 기존의 것들과 차별화하고 향상시키는 과정을 통해 혁신이 이루어진다.

앞에서 언급했던 것과 같이 미국, 일본이 반도체에 대한 기술력이 우수해서 벤치마킹을 많이 했는데 기술력을 향상시키기 위해서 직원들을 출장 보내서 반도체 현장과 표준, TPM[50], 도요타 생산방식[51] 등을 배우도록 했다.

반도체 제조현장에서 혁신활동 중의 하나는 전원참가 생산보전(TPM : Total Productive Maintenance)이었고, 일본 자문에게 지도를 받으면서 품질과 생산에 대한 의식과 체질이 변화하고 습관화되었다. 가장 중요한 것은 일부가 아니라 전원이 참여하는 것이다. 기본적으로 '현장 2S[52] 활동'을 하면서 현장을 정리정돈하여 불필요한 것을 제거하고, '3定[53] 활동'을 하면서 정해진 것을, 정해진 양만큼, 정해진 곳에 놓고 사용함으로써 작업환경이 개선되어 업무 효율이 높아졌다.

'눈으로 보는 관리'를 통해서 품질, 생산지표를 항상 현장에서 볼 수 있도록 게시하여 목표달성에 대한 Mind를 고취하고 품질, 생산에 대한 표어나 포스터를 공모하여 의식을 변화시키는 활동도 붐이었다. 현장의 불합리를 제안으로 작성하여 해결하고, 근무 前後에 현장관리자 주관하에 TPM 회합을 했다. 제조 오퍼레이터는 현장에서 발생했던 불합리에 대해 서로 공유하고 토론하면서 대책을 마련하고, 엔지니어는 설비가동률이 저조한 이유를 파악하고 개선하

---

50 TPM : 생산성과 품질 향상을 위한 혁신활동
51 도요타 생산방식 : 일본 자동차 회사에 적용하는 JIT(Just In Time) 생산방식으로 간판생산
52 현장 2S : 일본어 せいり(Seily), せいとん(Seidon)을 뜻하며, 현장 정리정돈을 말함
53 3定(3정) : 정해진 것을, 정해진 양만큼, 정해진 곳에 놓고 사용하자는 현장 개선 활동

는 활동에 집중하였고, 개인별로 불합리와 제안 건수를 실적 관리하고 평가에도 반영했다.

잔업하면서 TPM 회합을 하고 불합리, 제안 건수를 개인별로 실적 관리하면서 이러한 혁신적인 변화가 고통스러워서 적응하지 못하고 퇴사하는 오퍼레이터와 엔지니어가 있었지만 대부분이 이겨내면서 체질화되고 습관화되어 현장의 불합리가 개선되고 좋은 모습으로 변했다. 매월 현장혁신 활동과 성공사례를 발표하고, 우수한 부서와 직원은 포상해서 동기부여하고, TPM 활동을 잘하면 좋은 평가를 받았기 때문에 모두가 참여하여 많은 현장 불합리가 개선되면서 생산성과 설비가동률이 향상되었다.

8인치 웨이퍼 양산화에 성공하고, 이와 더불어 현장혁신 활동이 전사적으로 전개되어 현장이 개선되고 안정화가 되면서 실력과 수준이 한 단계 업그레이드되면서 반도체 메모리 선두주자로 한 걸음 더 다가갔다.

낭비제거와 가치창조(Value Creation)

반도체 시장을 선점한다는 것은 경쟁사보다 신제품을 선행 출시하고 생산량을 극대화해서 가격과 물량으로 시장 우위를 확보하는 것이다. 이와 같이 경쟁사와 초격차를 벌이기 위해 전략적으로 선행투자해서 신규 제조라인을 건설하는 상황이었는데 투자비가 수조 원이 소요되는 시기에 마른 수건도 짠다는 말처럼 원가절감에 집중했다. 이를 위한 방법론으로 현장에서는 비효율적인 낭비는 모두 리스트해서 제거하고 가치 있는 일만 하자는 혁신활동을 실시했다.

회의시간도 '1Hour Best'로 효율적으로 진행하고, 사무실에서 사용하는 A4 용지도 이면지로 재사용하고, 퇴근 시에 컴퓨터 전원과 전등을 소등했는지 체크했다. 해외출장도 자제하거나 축소하며, 불필요한 낭비에 대해서 경각심을 갖도록 했다. 현장에서도 클린용지를 절약하고 소모품을 아끼며, 모든 부분에서 원가절감에 몰입했다. 설비동작을 초단위로 분석해서 불필요한 Step을 제거하고 가치 있는 일만 하도록 개선했다.

12인치 제조라인(FAB)에서 제조혁신 TFT[54] 장으로 업무했는데 설비 낭비에 대한 내용을 분석하고 대책을 수립하여 모두가 공유하고, 낭비가 많은 것을 우선순위로 해결하면서 설비효율이 향상되었다.

낭비제거와 가치창조(Value Creation) 활동을 현장의 제조 오퍼레이터, 엔지니어, 관리자, 협력사 등 모두가 적극적으로 참여해서 원가를 절감하고 생산성을 극대화하여 경쟁력을 강화하며, 반도체 시장에서 우위를 선점하면서 더욱 격차를 벌여갔다.

---

54 TFT : Task Force Team의 약자로 프로젝트를 수행하는 특별기획팀

6시그마(6σ)

　6시그마는 기업이 최고의 품질 수준을 달성할 수 있도록 고객에게 초점을 맞추고 데이터에 기반을 둔 경영혁신 방법론이다. 시그마는 통계학에서 표준편차를 의미하고, 6시그마는 정규 분포에서 평균을 중심으로 양품의 수를 6배의 표준편차 내에서 생산할 수 있는 공정능력을 정량화한 것이다. 6시그마는 제품 100만 개당 0.002개 이하의 결함을 목표로 하는 것으로 거의 무결점 수준의 품질을 추구한다.

　6시그마 방법론(DMAIC)은 Define(정의) ▶ Measure(측정) ▶ Analyze(분석) ▶ Improve(개선) ▶ Control(관리) 순으로 전개한다.

　고객 요구를 파악하여 프로젝트(Project)의 목표를 정의하고, 현 수준을 측정하고, 수집된 데이터로 근본원인을 분석하여 최적의 개선안을 도출하여 개선결과를 문서화하고 관리계획을 수립한다. 6

시그마는 성과 중심으로 불량률과 품질비용 감소, 생산성 향상, 매출 증가를 목표로 한다.

반도체 메모리사업부는 모든 직원들을 대상으로 6시그마 교육을 실시하고 GB(Green Belt), BB(Black Belt), MBB 등 품질 전문자격증을 취득하도록 했다. 이를 통해서 품질에 대한 의식이 더욱 강화되고, 통계적인 사고로 업무에 접근하면서 좀 더 Detail해지고 직원들의 업무성과에 대한 산포가 균일해졌다. 6시그마 활동을 통해 업무 수준이 향상되고, 이에 따라서 수율과 품질이 더욱 개선되었고, 양보다는 질 위주의 체질로 변했다. 6시그마는 시스템경영과 더불어 이재용 회장이 강조했던 경영이념으로 반도체 메모리 세계 1위의 밑바탕이 되었다.

반도체 생산전문가(Expert)

어떤 분야를 연구하거나 그 일에 종사하여 상당한 지식과 경험을 쌓은 사람을 전문가(Expert)라고 흔히 말한다. 반도체 제조라인에서 23년간 현장관리자로 근무하면서 생산에 대한 지식(Knowledge)과 노하우(Knowhow)를 습득했다. 반도체 생산 분야에서의 실무와 문제해결 능력을 갖추었고, 특히 제조관리자로서의 경험은 생산 프로세스의 이해, 안전 및 품질, 인력관리, 기술적용 등에 대한 폭넓은 지식을 습득하게 되었고, 이러한 전문성은 해당 분야에서의 업무수행에 큰 도움이 되었다.

선진 반도체 회사들을 따라잡고 초격차를 벌이기 위해 신규 제조라인에 선행투자해서 전체 생산량이 증대되고, 매출이 성장하는 시기였기 때문에 현장에서는 생산 극대화가 최우선 임무였다. 반도체 메모리 웨이퍼 생산을 책임지는 제조부서장으로서 그 위치는 중압감으로 항상 긴장하며, 목표달성에 집중하고 여러 가지 이슈사항을 해결하면서 앞만 보고 나아가야 하는 상황이었다.

이러한 일상이 반복되면서 습득한 반도체 메모리 생산에 대한 지식과 노하우는 큰 성과를 발휘했다. 반도체 메모리 세계 1위를 이룬 현장의 생산전문가는 지식과 노하우뿐만 아니라 리더십, 목표의식, 열정, 도전정신, 합리적 사고, 효율성, 신속한 의사결정, 실행력, 미래예측(Forecast) 능력 등의 자질과 역량이 있었다.

리더십은 섬기는 리더십(Servant Leadership)으로 부하사원을 섬기는 것이고, 목표의식은 목표는 반드시 달성해야 하는 것이고, 미달성하면 밤낮으로 대책을 수립해서 해결해야 하는 것이며, 열정은 마그마와 같은 뜨거움으로 업무에 애정을 쏟는 것이고, 도전정신은 불가능에도 목표를 포기하지 않고 달성하는 것이며, 합리적 사고는 어떤 것을 판단할 때 목적에 맞게 유연하게 결정하는 것이고, 효율성은 최소의 투입으로 최대의 실적을 거두는 것이며, 신속한 의사결정은 어떤 사안에 대해서 결정이 늦어져 타이밍을 놓쳐서 일을 망치는 것을 방지하는 것이고, 실행력은 의사결정 후에 즉시 실행하는 추진력이며, 미래예측(Forecast) 능력은 목표 대비해서 실적이 어떻게 될지를 사전에 예상하고 대처하는 능력이다.

반도체 생산을 총괄하는 제조 현장관리자는 인력, 설비, 생산의 3가지 항목을 중점적으로 관리하는데 앞에서 말한 자질과 역량이 실력을 발휘했다. 인력관리는 각자 위치에서 역할에 맞게 동일한 목표를 가지고 임할 수 있도록 방향을 제시한다. 설비는 목표를 달성할 수 있는 생산능력(CAPA)이 항상 가동되도록 관리하고, 고장이 발생하면 즉시 조치하도록 하고, 설비 PM은 재공상황에 따라서 조절한다.

일(Daily), 월(Monthly) 생산목표 대비 실적을 관리하면서 발생하는 모든 문제점을 통제하고 판단하여 신속하게 결정한다. 설비고장, 공정홀드, 표준이탈(Spec Out) 등으로 생산 차질이 예상되면 전략회의실(War Room)에서 엔지니어와 함께 문제점을 공유하고 대책을 논의하여 실행항목(Action Item)을 정하고 즉시 실행하여 해결한다.

예를 들어, 월 60,000매 생산 CAPA인 반도체 제조라인에서는 월 30일 기준으로 일 2,000매를 꾸준히 생산해야 생산목표를 달성할 수 있다. 즉, 수백 개 스텝의 반도체 공정은 각 스텝별로 일 2,000매를 설비에 진행해야 하는데 이를 달성하기 위해서 수많은 관리 포인트가 있으며, 돌발변수에 잘 대응해야 한다.

설비고장, 공정홀드, 표준이탈(Spec Out) 등으로 생산목표를 미달성할 경우는 비상으로 대책을 마련하느라 모두가 바쁘게 움직였다. 이처럼 반도체 제조현장은 전투와 같이 치열하게 매 순간 순간이 스피드하게 전개되는 것이 일상이다. 자체 대책 및 Send FAB

등 Plan A와 B로 백업(Back up) 대책을 수립하고 적극 대응하면서 해결했다.

생산전문가의 여러 자질 중에 미래예측(Forecast) 능력은 가장 중요하다고 생각하며, 단시간에 습득할 수 있는 능력은 아니다. 생산 가능량을 사전에 예상하고 대책을 수립하면 두려울 것이 없었다. 당월 생산 가능량과 차월 생산 가능량을 사전에 예측하고 각 스텝별 공기(TAT), 생산능력(CAPA)을 감안해서 중점관리 공정을 선정하여 집중관리하면 목표를 달성했다.

사전에 예측한 대로 되었을 때 이루 말할 수 없을 정도로 기뻤고, 스스로 자부심을 느꼈다. 이처럼 반도체 제조현장은 수많은 문제점이 발생하는 전쟁터로 신속한 판단, 결정, 실행력이 필요했다. 반도체 양산능력은 세계 최고(World Best)였다. 그 당시 함께했던 동료들이 그립다.

일상(Routine)

 직장생활을 하면서 매일 매일 반복되는 업무를 수행하는데 그 당시 K-반도체 제조 현장관리자의 일상이다. A, B, C, D 4조 3교대로 6일 근무하고, 2일 휴무하는 근무제이며, DAY(06:00~14:00), SW(14:00~22:00), GY(22:00~06:00) 3교대 근무로 교대 1시간 前에 사무실에 도착해서 재공 리포트(Report)를 프린트해서 병목(Bottle Neck)[55] 공정이 무엇인지 체크한다. 생산 담당자에게 생산현황 및 중점관리 공정 등을 전달받고 교육장에서 5분 조회를 통해 제조 오퍼레이터의 근태체크 및 공지사항을 전달하고 현장에 입실한다.
 통제실에서 前 근무조 직장에게 업무 인수인계를 받고 통제실에서 공정별 조장들과 생산 문제점, 이슈사항을 공유하고 대책을 수

---

55 Bottle Neck : 병목 공정으로 어떤 사유로 설비 CAPA가 부족한 공정을 말함

립하여 실행한다. 회의가 끝난 후에 병목 공정에 대해서 시간 단위로 실적을 관리한다. 병목 공정은 실적이 저조하여 생산능력 대비 재공이 많은 공정을 말한다. 이로 인해서 다음 설비에 재공이 부족하여 설비효율이 떨어져서 생산량이 부족하여 결국 회사 매출에 악영향을 끼치기 때문에 집중관리한다. 예를 들어, 일(Daily) 웨이퍼 1,000매 생산능력(CAPA) 제조라인이 300개 공정을 진행한다면 웨이퍼를 투입(FAB In)해서 1번부터 300번까지의 공정이 순차적으로 진행되어 웨이퍼를 생산(FAB Out)한다. 만약에 7번 공정을 진행하는 설비 5대 중에서 1대가 고장이 나면 하루 처리해야 할 생산량 중에서 1/5(20%)을 처리하지 못해서 7번 공정은 재공이 쌓인다.

 8번부터 이후 공정을 진행하는 설비가 재공 부족(Run Down)[56]되어 효율이 저하되고 생산량이 저조하게 된다. 7번 공정이 일 1,000매 중에 800매밖에 처리 못했다면 8번부터 이후 공정의 설비들도 재공 부족으로 800매밖에 처리 못하게 된다. 생산목표를 달성하기 위해서 전일 못한 200매와 당일 1,000매를 합해서 1,200매를 처리해서 부족분을 만회해야 하는데 생산능력이 1,000매이기 때문에 200매는 다른 제조라인으로 재공을 보내서 진행해야 하는데 이것을 Send FAB[57]이라고 한다.

---

56 Run Down : 설비에 공정을 진행할 웨이퍼가 부족한 것을 말함
57 Send FAB : 다른 FAB로 웨이퍼를 보내서 공정을 진행해오는 것을 말함

이와 같이 병목 공정이 발생하면 비상이기 때문에 생산의 중점관리는 병목 공정관리를 잘해서 재공 Balance[58]를 맞추어 생산목표를 달성하는 것이다. 엔지니어는 설비 유지관리를 잘해서 병목공정을 만들지 않도록 하고, 제조는 재공 Balance를 유지할 수 있도록 설비 Arrange를 잘하며, 현장에서 설비나 공정에 문제가 발생하면 신속하게 엔지니어에게 연락해서 조치하도록 한다. 제조현장 리더로서 오퍼레이터와 함께 웨이퍼 1매를 더 생산하기 위해서 바쁘게 움직인다. 제조현장 리더는 오퍼레이터 수백여 명의 근태, 직무, 배치, 면담, 평가(인사고과) 등 전반적인 사항을 관리하기 때문에 항상 예상치 못한 일이 일상적으로 발생한다. 오퍼레이터가 연락도 없이 무단결근을 하면 담당설비가 대기(Wait) 상황이 발생하여 생산량이 저조(Drop)되어 목표달성을 못하게 된다. 이 또한 비상상황으로 현장 리더가 오퍼레이터를 대체하여 작업한다.

오퍼레이터는 설비 생산능력(CAPA)에 맞게 배치하여 운영하기 때문에 동시에 여러 명이 결근할 경우에는 생산 차질이 불가피하기 때문에 前 근무조에 요청하여 지원받아 대체인력을 투입한다. 퇴근 1시간 전에 Bottle Neck 공정, 설비현황, 이슈사항 등을 노트에 작성하여 後 근무조 직장에게 인수인계하고 제조파트장에게 이슈

---

58 재공 Balance : 각 공정에 균형으로 웨이퍼 분포

사항을 보고하고 퇴근한다.

퇴근 후에는 회식이다. 그 당시 제조현장 조직은 Diff, Photo, Etch, Thin Film[59], End FAB[60] 5개 공정으로 구성되어 공정별로 조장 포함하여 30여 명이고, 공정별로 번갈아가면서 회식하기 때문에 직장은 퇴근 후에는 거의 매일 회식이다. 직장이 참석하지 않으면 사기가 저하되어서 이 또한 생산량을 저하시키는 요인이 되기 때문에 필히 참석하였는데 오퍼레이터에게 소주 한 잔씩 받아 마셔도 30여 잔으로 끝날 때쯤에는 항상 만취상태가 된다. 직장이 술에 취한 모습을 보면서 현장에서 딱딱하고 어려웠던 관계가 부드러워지고, 현장에서 하지 못하던 말도 나누며 소통하고, 목표나 슬로건에 대한 건배사를 하면서 단합하는 시간을 가진다.

휴무 때는 공정별로 야유회를 가기도 하는데 오퍼레이터의 업무 스트레스를 해소시켜 주기 위해서 직장도 동참한다. 신입사원 때에 제조팀장이 '현장관리자는 자기 이름 석 자를 잊어버리고 희생하며 자신의 존재 이유를 알아야 한다'고 강조했는데 전원이 모이는 행사는 무조건 참석하여 사기를 북돋아주라는 것이고, 리더십의 기본이었다.

---

59 Thin Film : 박막 공정을 뜻함
60 End FAB : 반도체 FAB 공정 중에서 마지막 부분을 말함

패러다임 시프트(Paradigm Shift)

반도체 제조현장 운영(Operation) 체제가 '사람(Human)에서 시스템(System)'으로 대변환(Paradigm Shift)[61]되는 시기가 있었다. 반도체 초창기에 사람(Human)에 의해서 운영되던 현장이 시스템(MES[62], MCS[63], ECS[64])과 자동화 설비(OHT, Stoker, Lifter, Conveyer) 등으로 구축되고, 모든 데이터와 정보를 수집하고 저장하여 활용하는 빅데이터와 스마트 팩토리 기반에서 운영되었다. 이러한 시스템 중심의 변화는 인력감축, 설비효율 등 생산성 향상과 품질개선, 유연성 강화 등 다양한 이점을 제공하여 반도체 제조현장의 효율성을 크게 향상

---

61 Paradigm Shift : 체제나 시스템이 다른 개념을 대변환하는 것
62 MES : Manufacturing Execution Systems의 약자로 생산현장에서 실시간 현황 파악, 작업의 계획 및 수행, 품질관리 등을 측정할 수 있는 통합관리 시스템
63 MCS : Machine Control System의 약자
64 ECS : Equipment Control System의 약자

시켰다.

반도체 제조현장 규모가 점차 커지면서 사람에 의한 관리에는 한계가 있었고, 더구나 12인치 웨이퍼 양산체제로 전환되면서 웨이퍼 용기(FOUP)의 크기도 커지고, 중량도 무거워져서 사람이 이송하기가 어려워졌다. 반도체 전자소자(Device)도 축소(Shrink)되어 품질문제가 중요해지면서 OHT(Overhead Hoist Transfer)라는 자동반송 장치가 사람을 대체하게 되면서 시스템으로 전환되는 것은 자연스러운 변화였다. 이제는 현장에서 사람을 거의 볼 수가 없고 현장관리자의 역할도 인력관리보다는 시스템 운영으로 바뀌었다.

시스템은 언제든지 고장이 날 수 있기 때문에 비상시 백업 플랜(Backup Plan)으로 1차 시스템(Primary)이 다운되면 2차 시스템(Secondary)[65]으로 복구(Recovery)되는 체계가 필수적으로 구축되어야 하고, 잘 작동되는지도 주기적으로 점검이 필요하다.

---

[65] Primary, Secondary System : 평상시에는 Primary System으로 운영하는데 비상시에 Secondary System으로 Recovery하도록 시스템을 구축함

조직문화(Culture)

한 방향과 소통

사공이 많으면 배가 산으로 간다는 말처럼 구성원의 생각이 다르면 그 조직은 방향을 잃고 목표달성이 어려울 것이다. 조직 내에서 다양한 의견은 개선을 촉진할 수 있지만 너무 많은 의견으로 여러 방향이 되면 혼란을 야기할 수 있다. 따라서 효율적인 의사결정과 팀워크를 위해서는 명확한 목표와 방향을 설정하고, 이를 모두가 공유하며 한 방향으로 나아갈 필요가 있다.

조직 리더는 이러한 다양성을 존중하면서도 일관성 있는 비전을 제시하고, 팀원들과의 원활한 소통과 협업을 조화시켜야 한다. 그 당시 조직문화 중에 하나는 한 방향으로 힘을 모아 목표를 달성하자는 것이었는데 이를 위해서는 현장의 사원부터 경영진까지 동일한 목표와 신념을 가지고 업무에 임하는 것이 중요했다. 한 방향을 위한 소통을 위해서 매월 월례회를 진행하여 반도체 시황, 생산현황, 이슈, 전달사항 등 주요 내용을 공유하고, 생산, 품질, TPM, 환경안전, GWP 등 부문별로 우수부서와 직원에게 포상함으로써 사기를 진작하고 동기를 부여했다. 이러한 소통체계를 통해서 동일한 목표와 신념을 가지고 한 방향으로 힘을 모으는 데 집중했다.

제조 그룹장으로서 매월 현장 오퍼레이터에게 위와 같은 내용으로 월례회를 주관하여 진행했다. 한 방향이라는 의미를 정확히 전달하고, 이해하기 쉽도록 벡터를 인용하여 설명하기도 했다. 벡터(Vector)는 방향성이 있는 힘(Power)인데 각각의 벡터가 여러 방향이면 힘이 분산되어 최대치를 발휘할 수 없다. 그렇기 때문에 부서원 모두가 동일한 방향, 즉 한 방향으로 동일한 목표와 신념을 가지고 업무를 수행해야 최고의 실적을 달성할 수 있고, 불가능한 일도 함께하면 시너지가 난다고 열변을 토하기도 했다. 이러한 '한 방향과 소통' 문화를 통해서 반도체 생산 극대화를 달성했다.

팀워크

회사의 궁극적인 목표는 이윤추구이고, 이를 달성하기 위해서 단합을 위한 여러 가지 행사를 통하여 팀워크를 향상시킨다. 반도체 제조현장의 조직은 설비를 운영하는 오퍼레이터, 공정과 설비를 유지보수하는 엔지니어, 품질과 수율을 담당하는 공정관리, 생산을 책임지는 제조그룹, 라인 전체를 총괄하는 팀장과 Staff 등으로 구성되어 있다.

각 제조(FAB) 라인별로 수백 명이 근무하기 때문에 규모가 중소기업 수준이었고, 공동의 목표를 달성하기 위해서 팀워크는 중요했다. 그 당시 팀워크 행사 중에 한마음 체육대회가 있었다. 줄다리기, 달리기, 계주, 축구, 족구, 피구, 소프트볼, 단체줄넘기 등 각 종목별로 선수를 선발해서 경기를 진행하고, 우승상품도 TV, 세탁기, 카메라, 자전거 등을 준비해서 승부욕을 북돋았다. 응원단장을 선발하여 337박수, 카드섹션, 짝짝이 등 응원연습도 하면서 하나가 되었다. 신규 제조라인을 건설하고 프로젝트를 수행하기 위해서 인력이 선정되면 워크숍을 진행해서 팀명, 구호, 슬로건을 정하여 발표하는 시간도 갖고, 간단한 체조, 보물찾기, 수건돌리기 등 게임과 레크리에이션을 하면서 서로가 화합하고, 바비큐 파티와 캠프파이어를 하면서 목표달성을 위한 각오와 건배사를 하면서 한마음이 되었다. 그 당시 반도체 시장의 우위를 선점하기 위해서 대략 2년마다 신규 제조라인을 건설하고 프로젝트를 진행하는 상황이었는데 구성원들은 이러한 팀워크 활동을 통해서 한마음이 되었다.

매년 5월에 철쭉제라는 가족 초청행사를 했는데 회사 내부를 개방해서 임직원의 가족들이 일터도 둘러보고, 자녀들을 위한 공연, 놀이기구, 먹거리 등을 제공함으로써 회사에 대한 자부심과 사기를 진작시켰다. 팀워크는 모두가 단합하고 협동하여 목표를 달성하기 위해서 중요하며, 약육강식의 치열한 정글 속에서 생존하기 위한 것이고, 이러한 팀워크를 중요시하는 조직문화가 반도체 성공인자의 하나였다.

회식문화

직장인들마다 회식에 대한 인식이 다르고, 각자의 입장과 보는 시각에 따라서 긍정적인 면과 부정적인 면이 공존하는 것 같다. 요즘 MZ세대는 예전보다는 개인주의 성향이 좀 더 강하여 직장모임이나 회식 등 부담스러운 자리를 꺼려 하고 개인 시간을 더 중요하게 생각하여 참석하지 않으려는 경향인 것 같다.

하지만 긍정적인 면도 찾아보면 좋을 것 같다. 회사에서 다양한 문제로 스트레스를 받는데 회식하면서 맛있는 음식도 먹고, 동료끼리 상사에 대한 뒷담화도 하고, 업무고충에 대해서 서로 조언도 주고받으면서 일체감도 느끼면서 관계도 좋아진다. 이렇게 재충전하여 일상으로 돌아가면 팀워크가 향상되어 업무에도 도움이 되고, 사무실 분위기도 부드러워져서 즐거운 직장생활을 할 수 있다.

그 당시의 회식문화는 부서원이 100% 전원 참석하는 것이 기본이고, 참석하지 않는 사람은 불이익이 갈 수밖에 없는 분위기였다. 부서장은 회식장소에 도착해서 인원체크를 먼저 하고, 정당한 사유

없이 불참 시에는 불이익을 주었다. 인사고과 평가에 참여도라는 항목을 넣어 회식이나 단합대회에 참석 여부를 반영했다.

부서의 입장에서는 전원이 함께 참석하여 부서목표와 슬로건을 공유하고 한 방향으로 팀워크를 높이자는 취지였다. 반대로 개인 시간을 할애해서 회식에 참석하는 직원의 입장에서는 동일하게 평가하는 것이 불공정할 수도 있기 때문에 참석자에게 이익을 주는 분위기였다. 개인의 입장에서는 나름대로 사유가 있어서 참석하지 못하는 경우가 있기 때문에 회식에 대해서 부정적인 것은 당연하지만 원만한 직장생활을 위해서 감당해야 했다.

개인별로 건배사를 선창하는 것이 의례적이어서 회식 전에 어떤 내용으로 건배사를 할지를 준비하는 것도 중요한 일이었다. 건배사가 의미가 있고 재미있어서 분위기를 북돋우면 좋은 평가를 받았는데 그 이유는 건배사를 통해 팀워크를 높여서 목표를 달성하고 실적 향상으로 이어진다고 생각했기 때문이었다. 직장인들이 피할 수 없는 회식이라면 즐기는 것이 어떨까라는 생각을 해본다. 판단은 본인의 몫이다.

GWP

훌륭한 회사(GWP : Great Work Place)를 추구하면서 신뢰(Trust), 자랑(Pride), 재미(Fun) 등 3가지를 중심으로 활동하며, 출근하고 싶은 회사를 만들려고 열심히 하던 때가 있었다. 가장 취업하고 싶은 회사에 대해서 선호도를 순위로 매기던 시기였기 때문에 우수한 인재를 영입하기 위한 것으로도 관심이 많았고, 직원이 회사를 어떻게 생각하는지를 파악하고 관리하는 데 중요한 업무였다.

그 당시에는 노동조합이 없었고, 노사협의회에서 요구사항을 수렴하여 반영해주었고, GWP Index 조사를 통해서 회사에 대해서 어떻게 생각하는지와 조직 분위기, 불만사항 등을 파악했다. 매년마다 전원이 무기명으로 GWP Index 조사항목에 대해서 점수를 체크하게 하고, 인사팀은 이것을 집계해서 팀별, 부서별로 순위를 매겨서 상위 부서는 포상했고, 반대로 하위 부서는 경고하고 대책을 수립하도록 했다.

부서장의 주요 성과지표(KPI : Key Performance Indicator)의 항목으로 GWP 점수는 필수적으로 포함되었다. 부서마다 GWP 담당자를 두어서 신뢰(Trust), 자랑(Pride), 재미(Fun) 등 3가지 항목으로 활동하고, 부서장 주관하에 주기적으로 회의를 진행해서 어떤 활동을 했는지, 앞으로 어떤 활동을 할 것인지를 발표하고 공유했다.

GWP Index 조사는 5지선다형 객관식 항목에 점수를 부여하는 방식과 자유 기술하는 2가지 방법이었다. 무기명이기 때문에 마음속에 품은 생각을 솔직하게 표현했다. 회사나 부서에 대한 욕설이나 불만을 작성하기도 하고, 개선 제안을 하거나 칭찬하는 내용도 있었다. 회사에 대한 욕설이나 불만사항이 나온 부서는 인사팀에서 부서장에게 경고하고 대책을 수립해서 보고하도록 했다.

이러한 상황 때문에 부서장은 매년 반복적으로 이에 대한 업무로 스트레스를 받았고, GWP 점수가 잘 나오도록 하는 것이 주요 업무가 되었다. 부서장뿐만 아니라 부서원 모두가 관심을 가지고 집중할 수밖에 없는 분위기였고, 훌륭한 회사를 위한 활동이 아니라 점수를 잘 받아서 좋은 평가를 받기 위한 것으로 변질되었다.

다음과 같은 부작용도 있었다. 부서 인원의 10%는 필수적으로 인사고과 평가에서 하위 고과를 주어야 하는 제도였기 때문에 하위 고과를 받은 직원들이 GWP Index 조사 시에 불공정하고 편애한다고 욕설이나 불만을 표현했다. 인사고과가 연봉, 승진, 해고에 영향을 끼치기 때문에 그럴 수밖에 없는 상황이었다.

GWP Index 조사를 통해서 조직의 분위기를 파악하고, 직원들의 의견을 수렴해서 해결해주는 프로세스는 좋지만 점수로 부서별로 순위를 매겨서 부서장 인사고과에 반영했기 때문에 단지 점수를 잘 받기 위한 활동이 되었다. 지금도 그 당시와 동일한 GWP 조직문화라면 혁신적으로 개선해서 신뢰(Trust), 자랑(Pride), 재미(Fun)가 넘치는 출근하고 싶은 훌륭한 회사가 되면 좋겠다.

서바이벌(Survival)

1997년 IMF외환위기를 겪으면서 대한민국은 대혼란에 빠졌는데 주식과 부동산은 곤두박질치고, 국가 신용등급도 떨어지며 곧 나라가 망할 것 같은 분위기였다. 정부에서는 금 모으기를 해서 국가 부채를 상환하고자 했는데 이런 경제적 위기상황에서 국민들이 한마음으로 동참해서 국가부도를 면하게 되었다.

삼성전자는 반도체 부문에서 1992년 8인치 웨이퍼 양산에 성공하면서 호전되고 있던 때였지만 그 당시 삼성전자 주식가격도 하한가로 떨어지고, 자동차 사업을 하려고 했으나 사업허가가 나지 않아서 포기하는 상황이었다. 손실을 메우기 위해서 허가나기 전에 만들어 놓은 삼성르노 자동차를 임직원에게 구매하라고 권고했다.

회사가 어려움을 겪고 있어 이를 극복하는 데 동참하고자 애사심으로 우리 사주로 받은 삼성전자 주식을 전량 팔아서 SM5를 구매했다. 회사가 어려운 상황이 지속되면서 구조조정을 했고, 함께 근무했던 입사 동기가 정리해고되었는데 해고 대상자 선정 기준은 최근 2년간 인사고과였다. 이러한 과정을 겪으면서 회사가 어려워지면 언제든지 인사고과를 기준으로 정리해고할 것으로 인식하게 되었다. 회사에서 살아남기 위해서는 인사고과를 잘 받는 것이 가장 중요했고, 상대평가 체제였기 때문에 동료들과의 경쟁이 치열했다. 목표 대비 실적이 인사고과에 영향을 미치고 결과적으로 해고와 연결되었다.

 IMF외환위기를 겪으면서 구조조정으로 회사 분위기가 침체되고 현실이 냉혹해지고 생존을 위해 몸부림치던 시기로 마음의 여유가 없이 앞만 보고 나아갔다. 그 이후로 적자생존과 약육강식이라는 말을 실감하며 정글 속에서 살아남기 위해서 업무목표 달성에 몰두했다.

휴먼 리소스(Human Resources)

인사고과

최근 뉴스에 삼성의 '신인사제도'에 대해서 보도되었는데 개편안은 '5년마다 직무전환 기회를 주는 프리에이전트(FA) 제도 도입, 국내·해외 우수인력 교환 근무제, 승격 관련 표준 체류연한 폐지, 성과 전문성 기반 발탁 확대, 상위 10% 제외한 90% 절대평가, 역량평가 폐지, 역량진단 및 수시 피드백, 동료평가 도입, 성과 인상률 변경, 호봉에 따른 자동인상 폐지' 등이 골자이고, 철저한 직무·성과주의와 신상필벌이 핵심이다.

삼성의 인사제도는 공정하고 효율적이며, 능력을 최대한 발휘하여 최고의 성과를 달성하도록 하는 것이었다. 현재는 노조가 있어서 회사와 상반된 의견으로 대립하고 있는데 1990~2013년까지에 시행되었던 인사제도에 대해서 장단점을 언급함으로써 상호 협력할 수 있는 해결책을 찾는 실마리가 되길 바란다.

그 당시에는 업적과 역량고과를 매년마다 상대평가로 진행했는데 연말에 부서장이 부서의 목표와 평가항목을 정하면 이를 바탕으로 부서원이 각자의 목표와 항목을 작성하고 부서장과 면담하여 조율하고 결정해서 인사시스템에 입력했다. 고과평가 기간에 목표 대비 실적을 확인하여 1차 본인, 2차 상사가 평가를 진행했다. 평가등급과 배분율은 EX 10%, VG 20%, GD/NI 60%, UN 10%이었다. 특히 UN 등급의 배분율 10%는 반드시 준수해야만 하는 것이 인사 방침이었다.

예를 들어, 제조 부서원이 100명이라면, 제조 부서장은 부서의 평가항목(생산량, 작업사고, 근태, 참여도 등)을 선정하고, 이에 대한 부서목표를 정한다. 부서원에게 공지하면 이를 바탕으로 개개인이 항목과 목표를 정하고, 부서장과 면담해서 조율하여 결정되면 인사시스템에 입력하고 업무를 수행한다.

고과평가 기간에 목표 대비 실적에 대해서 부서원이 1차로 본인 평가하고, 2차로 상사가 평가한다. 평가등급과 배분율이 정해져 있고, 상대평가이기 때문에 목표를 달성한 부서원에게 상위 고과를 줄 수 없는 상황이 발생하기도 했다. 인사고과 제도를 준수하려면 부서원 100명에 대해서 EX 10명, VG 20명, GD/NI 60명, UN 10명으로 배분하여 순위를 매겨서 평가하고 인사시스템에 입력했다.

고과결과가 오픈되기 전에 부서장은 부서원 전원과 면담하고 고과결과를 통보했는데 가장 어려운 업무 중에 하나였다. 공정하게 평가하려고 했지만 상대평가였기 때문에 어쩔 수 없이 1위부터 100위까지 순위를 정해서 평가했다. 이렇기 때문에 부서원 100명 중에서 상위 고과(EX, VG) 30명은 만족했지만 나머지 70명은 불만이 있었다. 특히 하위 고과 UN 10명은 불만을 어필하고, 최악의 경우는 퇴직하기도 했는데 이를 대응하고 조치하는 업무로 스트레스가 많았다. 상위 고과는 보너스, 연봉, 승진에 반영되고, 하위 고과는 연봉동결, 승진누락, 해고대상이 되기 때문에 사기가 저하되었고, 업무 스트레스를 받았다.

이러한 인사제도는 서로 경쟁하게 하여 성과를 내도록 하는 측면에서는 효과가 있지만 장기적으로 바람직한지는 면밀히 검토해 보면 좋겠다. 회사의 성공과 발전은 상위 고과 30% 인원이 만드는 것이 아니며, 100% 전원이 각자의 위치에서 역할을 제대로 해서 만들어지는 것이 아닐까 생각해본다.

하버드 대학에서도 1등부터 꼴등까지 순서가 있지만 모두가 우수한 인재이고, 사회 각 분야에서 많은 역할과 공헌을 하고 있다. 공정이란 무엇일까? 어떤 회사는 성과급을 종이비행기 멀리 날리는 것으로 지급하기도 하고, 성경에는 하나님이 가족마다 제비뽑기로 땅을 나누어주셨다고 기록되어 있다.

대외적으로는 공정성, 성과주의, 신상필벌을 기본방침으로 하는 인사제도라고 하지만 현실적으로는 공정하지 못하고 성과주의로만 치우치게 되어 불만을 표출하게 된다. 중하위 고과 70%의 우수한 인재가 업무에 집중하지 못하고 역량을 제대로 발휘하지 못하여 이탈하게 되어 많은 손실이 발생한다. 잡은 물고기를 놓치지 말기 바란다.

21C 초일류기업으로 지속경영 가능하고 존경받는 훌륭한 회사가 되기 위해서는 100% 전원을 위한 합리적이고 공정한 신인사제도가 도입되어야 하지 않을까 하고 조심스럽게 생각해본다. 인사고과가 연봉, 승진, 해고를 결정하다 보니까 인사팀에게 아첨하고 유착하는 경향이 있고, 공정성에 의문을 갖게 하는 일이 있었다고 한다.

임원 승진 대상자가 인사팀 여사원의 생일 축하파티에 참석해서 인사팀장이 보는 자리에서 케이크를 전달했는데 다음 해에 임원이 되었다고 한다. 업적과 역량이 우수하더라도 인사팀에서 승인하지 않으면 임원 승진은 어려웠기 때문에 인사팀에 잘 보이며 친해져야 했다고 한다. 그 당시였지만 이러한 상황이 공정한가에 대해서도 점검이 필요하다.

승진

직장생활의 꽃은 승진이라고 하는데 직장인의 궁극적인 목표이고, 조직에서 인정받아 기쁘며 승진하면 연봉이 상승되고, 사회적으로도 명예롭고 자존감이 올라가는 일이다. 입사 후 사원, 주임, 대리, 과장, 차장, 부장을 단계적으로 승진하면서 경쟁이 치열했다. 승진은 인사고과, 어학, 체류연한, 징계, 인사팀 승인으로 결정하고 각 직급마다 체류연한 동안에 받은 승격 포인트 순으로 정해진 비율에 따라 승진 여부가 결정되었다.

인사고과에서 상위 고과를 받으면 승격 포인트가 가점되고, 어학은 필수요건으로 직급에 따라 외국어 등급을 취득해야 대상자가 되며, 그렇지 못하면 승격 대상자에서 제외되었다. 업적과 역량 고과도 탁월해야 하고, 어학은 필수이며, 징계를 받지 않아야 승진을 할 수 있었다.

인사고과와 승격 포인트는 좋았지만 외국어 등급을 취득하지 못해서 불혹의 나이에 2년간 공부해서 TOEIC 760점을 취득하고 부장으로 승진했다. 출근 전 새벽 4시부터 6시까지 2시간, 퇴근 후 저녁 9시부터 11시까지 2시간, 하루 4시간씩 대략 24개월간 3,000시간 공부하고 22회 응시했었다. 대학교 시절보다 더 열심히 공부했다.

포상

　회사에 기여하고 공헌한 것에 대한 보상으로 포상을 하는데 수상하는 직원은 사기가 올라가서 더욱 열심히 하게 되고, 한층 더 성장하게 되는 것 같다. 반도체 제조 부직장으로 근무하던 시절에 생산실적이 좋았고, TPM 활동이 우수해서 '창립기념일 모범상'을 수상했다. 포상으로 일제 파나소닉 카세트 플레이어를 받았는데 입사 후에 처음 받은 것이라서 기분이 좋았고, 일본어 학습에 도움이 되었다.

　반도체 제조 직장으로 근무하던 시절에 '귀하는 메모리사업부 핵심인력으로 선정되었습니다'라는 제목으로 사내 e-mail이 왔다. 메모리사업부 핵심인력으로 우수한 역량을 발휘하여 매출과 이익이 증가하고, 회사 발전에 기여한 바가 커서 생산성 인센티브(Cubic Dream Incentive)를 지급한다는 내용이었다. 인사팀장이 집으로 방문해서 금일봉을 전달했는데 그 당시에는 큰 금액이어서 생활비에 도움이 되었고 아내가 기뻐했다.

　제조 부서장으로 근무하던 시절에 생산 초과달성이라는 실적으로 제조혁신상을 수상했다. 승승장구, 탄탄대로라는 말처럼 그 당시가 회사에서 가장 좋은 시절이었다. 제조부서의 성과지표(KPI)는 생산량인데 제조 부서장으로서 담당하던 제조라인(FAB)은 생산목표 대비 실적이 우수했기 때문에 업적과 역량이 탁월하다고 상위 고과를 받았다. 제조 부서장으로서 생산목표를 달성하고자 정신무장하여 업무에 집중했다. 생산목표를 달성하지 못했을 때는 전략회의실(War Room)에 모여서 머리를 맞대고 대책을 수립했다. 회사에서는 투자 CAPA보다 높은 생산목표를 주었고, 이를 달성하기 위해 반도체 현장에서 생산책임자로서 진두지휘했다.

TAT 단축, Bottle Neck 관리, 재공 Balance, 설비효율 향상, 수율 향상, CAPA-UP 등 생산성 증대를 위한 현장혁신 활동에 최선을 다했다. 오퍼레이터의 작업성(Movement)이 생산량과 직결되었기 때문에 작업 동선을 분석하여 개선하고 세밀하게 관리했다. 목표 미달성 시 퇴근 후 전원이 모여서 대책을 수립하면서 결과적으로는 생산목표를 달성했다. 이러한 결과는 포상으로 이어졌는데 이것이 성과주의 인사제도였다.

특별관리

반도체 제조라인에서 현장관리자로 재직하면서 10% 인력에 대한 관리가 중요했다. 23년간 재직할 동안에 보직간부(고과권자)로서 수천여 명의 직원들을 인사고과하면서 공정하게 평가하기 위해서 부서 평가항목을 가능한 수치화해서 개관적이고 합리적으로 하려고 노력했다.

성과주의 인사제도였기 때문에 부서원 상위 10%는 EX를 평가해서 더욱 신바람 나게 일할 수 있도록 동기부여하고 차세대 핵심 인력으로 양성했다. 부서원 하위 10%는 UN을 평가하는 것이 인사방침이었기 때문에 어쩔 수 없이 평가하고 고과면담해서 다독이곤 했는데 피하고 싶은 과정이었다.

   인사고과가 연봉, 승진, 해고에 영향을 주기 때문에 하위 고과 UN을 받으면 의기소침해지고 절망감에 빠져서 퇴직하는 경우도 발생했다. 상대평가이기 때문에 순위를 매기는 방식인데 업무성과를 보면 별로 차이가 없어서 난감한 경우도 있었다. 하위 고과 10%도 회사의 소중한 인적자산인데 절망해서 업무를 잘하지 못하게 하는 것이 맞는 것인가에 대해서 자문도 했다.

   부서 내에서 업적이나 역량이 탁월한 인재도 있지만 대다수는 차이가 거의 없어서 공정성에 의문이 있었지만 인사제도가 그렇기 때문에 고과권자로서 이들을 잘 관리해서 이끌고 가야만 했다.

   인사팀에서 특별관리하는 직원은 업적과 역량이 뛰어나서 센터장, 팀장, 부서장이 좋은 평가를 하더라도 인사 권력으로 하위 고과로 조정하여 연봉, 승진, 해고에 영향을 주었다고도 한다. 이렇게 하는 것이 맞는지도 점검이 필요하다.

직장 에피소드(Company Episode)

우수사원

직장에서 좋은 평가를 받기 위해서 누구나 본인 나름대로 열심히 한다. 삼성반도체 재직 중에 상사에게 평가도 받았고, 또 수천여 명을 평가했던 보직간부로서 우수사원에 대해서 정의해보았다.

첫째, 회사와 상사에게 업무코드(Code)를 맞추는 것이다.

회사의 정책이나 방침, 상사의 신념이나 성향에 Code를 맞추는 것이 중요하다. 본인의 생각이나 판단이 옳다고 생각할지라도 일단 상사의 의견에 예스맨이 되어야 하고, 그 이후에 자신의 의견을 자연스럽게 어필하여 설득한다. 아무리 능력이 좋아도 상사와 업무코드가 맞지 않으면 좋은 평가를 받을 수 없다.

둘째, 문서작성 능력이다.

경영진에게 일일, 주간, 월간 보고서를 작성하고, 각종 발표회를 위한 문서작성이 중요한 업무 중 하나다. 파워포인트, 엑셀, 훈민정음, 워드 등을 사용할 줄도 알아야 하고, 보고서는 수치에 근거한 핵심내용을 간결하게 작성한다. 컬러는 3개 이하, 글자 크기는 2개(제목, 본문) 이하로 하고, 글자 수는 핵심 키워드 위주로 최소로 하고, 초등학생이 보아도 이해할 수 있도록 간결하게 작성한다.

셋째, 발표(Presentation) 능력이다.

상사가 듣고 싶어 하는 것이 무엇인지를 사전에 파악하는 것이 중요하고, 주제에 어긋나는 소리를 하면 쓴소리를 듣곤 한다. 전달하고자 하는 내용에 대해서 발표 전에 연습하고, 예상질문도 준비하며, 핵심내용을 논리에 맞게 표현하고, 말의 속도도 천천히 정확히 여유를 가지고 자신감 있게 전달한다.

넷째, 소통을 잘하는 것이다.

부서 내, 부서 간에 소통을 잘하면 갈등이 최소화되고, 불필요한 에너지 낭비가 줄어들어 효율적이고, 더 나은 결과를 가져올 수 있다.

다섯째, 가능한 데이터로 말하고 세밀(Detail)하게 표현한다.

상사가 '클린룸 환경이 어떠냐?'고 물을 때 '정상입니다'라고 하는 것과 '온도 23.1℃, 습도 46%로 정상입니다'라고 답변하는 것은 차이가 있다.

여섯째, 분위기 메이커가 되는 것이다.

부서 분위기를 항상 긍정적이고 활기차게 만드는 부서원은 좋은 평가를 받는다. 목표달성을 위한 팀워크가 중요하다고 생각하기 때문이다.

일곱 번째, 보고를 잘하는 것이다.

지시사항에 대해서 업무 1순위로 가능하면 신속히 보고하고, 상사의 코드에 맞추어서 듣고 싶은 말이 무엇인지를 먼저 생각해보고, 그에 맞추어 심플하게 결론을 먼저 언급하고 내용은 추가로 볼 수 있게 작성한다.

보고서

보고서는 직장에서 평가받는 중요한 항목 중에 하나이다. 업무에 대한 현황이나 지시사항을 상사에게 보고하기 위하여 작성하는 문서이고, 구두, 서면 등으로 의사를 전달하거나 자료를 제출한다.

상사는 보고서로 업무의 진행현황을 파악할 수 있고, 이를 통해서 보고자에게 적절한 지시나 조언을 해줄 수 있다. 또한 문서화된 보고서는 업무 진행에 있어 지속적인 자료로 활용하여 부서의 목표와 전략을 수립하기 위한 상황파악이나 업무현황을 파악하여 개선할 수 있다.

보고서는 상사에게 유용한 정보를 정확히 전달해서 좋은 의사결정을 하도록 해야 하고, 작성요령은 상사의 요구와 기대에 초점을 맞추어야 한다. 결론을 먼저 알 수 있도록 제목을 키워드로 표현하고, 핵심만 요약하여 간결하게 작성하고, 마지막에 자신의 의견을 제시하는 것이 좋다.

내용이 중요하고, 복잡한 경우에는 시각화하여 이해하기 쉽게 표현하고, 현재 수준과 얼마만큼 달라질 수 있는지를 예측하고, 부작용, 문제점, 영향에 대해서도 언급하며, 해결방안도 제시하는 것이 좋다. 다음은 보고서를 잘 작성하는 것이 얼마나 중요한지에 대한 Episode다.

입사 후 반도체 제조라인에 현장관리자로 배치되고 2개월 지난 즈음에 난생처음으로 작업사고에 대한 보고서를 작성했다. 제조 오퍼레이터가 작업대장(Run Sheet)에 적혀 있는 레시피1(Recipe1)을 설비에 입력해야 하는데 레시피2(Recipe2)로 잘못 입력해서 공정조건이 다르게 진행되어 웨이퍼가 폐기되는 사고가 발생했다.

금액으로 환산하면 그 당시 승용차 1대 가격으로 대형사고였고, 제조과장은 화가 나서 사고 보고서를 제출하라고 호통을 쳤다. 신입사원으로 보고서는 처음 작성하는 것이라서 어떻게 해야 할지 몰라서 선배에게 보고서 양식을 받고 작성하는 방법에 대해서 설명을 들었다. 재발방지 대책은 'Run Sheet 및 설비 Recipe 확인을 철저히 하고 Start Key 누르기 전에 재확인한다. 전원 사고사례 전파교육을 실시한다'라고 작성했다.

　사전에 선배에게 확인받은 후에 제조과장에게 보고했는데 '대학에서 뭐 배웠냐? 대책이 이게 뭐냐?'라고 호통치면서 보고서를 머리에 던졌다. 보고서가 마음에 들지 않으면 부족한 부분에 대해 본인의 의견을 설명하면서 보완하라고 조언하거나 지도를 해주는 것이 맞지 않은가라는 아쉬움이 있었다.

　그 이후로 제조과장이 부르면 의기소침해지고 두려웠다. 제조현장은 항상 사고가 발생할 수 있고, 유형도 다양하기 때문에 동일한 사고가 재발되지 않도록 대책을 수립하고, 주기적으로 사고사례를 교육하는 것이 중요하다고 깨달았다.

　입사 후 처음 받는 인사고과 평가에서 최하위 고과(D)를 받으면서 보고서는 무조건 상사가 만족하게 써야 한다는 것을 가슴 깊이 깨달았다. 이런 상사와 함께 지내면 앞으로 희망이 없다고 생각하여 이직을 고민하고 있었는데 몇 달 후에 그 상사가 다른 부서로 전배 가서 해결되었다.

서로 맞지 않는 상사나 동료가 있더라도 잠시 스쳐 가는 인연이기 때문에 시간이 지나면 자연스레 해결된다는 것을 깨닫는 계기였다. 신입사원은 경험이 없어서 시행착오를 겪는 것이 당연하고, 이러한 과정을 거쳐서 단단하게 성장한다. 보고서는 상사에게 평가받는 중요한 항목 중의 하나이기 때문에 육하원칙에 따라서 작성하고, 전하고자 하는 핵심 키워드가 표현되어야 한다. 가장 중요한 것은 상사를 만족시키는 것이고, 상사가 선호하는 단어, 포맷, 칼라 등도 중요하며, 사람마다 성향이 다르기 때문에 맞춤형으로 작성해야 한다.

갈등관계

'고래 싸움에 새우등 터진다'는 말처럼 직장생활을 하면서 본인의 의도와 상관없이 중간에서 피해를 보는 경우가 있는데 이것도 직장에서 성장하기 위한 하나의 과정이다. 반도체 제조현장에서 FAB 팀장과 제조 그룹장이 서로 의견이 달라서 중간에서 어려움을 겪었던 Episode다.

제조 직장으로서 야간근무 후 생산현황을 팀장에게 보고하는 중에 다음과 같은 질책을 받았다. '재공이 많은데 왜 투입했냐?'고 팀장은 화가 나서 보고서로 머리를 여러 번 치면서 언성을 높였다. 직속상사인 제조 그룹장이 지시해서 투입했는데 오랜 시간 동안 죄인처럼 서서 야단을 맞았지만 변명하지 않았다. 이런 내용을 제조 그룹장에게 글로 남기고 퇴근했다.

스트레스를 많이 받았고 회사생활에 대해서 고민했으나 부양해야 할 가족을 생각하며 이 또한 이겨내고 거쳐야 할 과정이라고 다짐하고 출근했는데 팀장도 그렇게 한 것에 대해서 미안하다고 느꼈는지 사과했다. 그 당시는 생산실적이 저조하면 전체 분위기가 험악해지는 것이 보통이었다.

생산, 수율, GWP, 환경안전 등이 제조라인을 총괄하는 FAB 팀장의 KPI이고, 이것으로 연봉과 승진이 결정되었기 때문에 그럴 수밖에 없는 상황이었고, 이것이 성과 위주 인사제도였다.

기회상실

과거를 되돌아보면 좋은 기회가 있었는데 놓쳐서 후회하기도 했고, 순간의 선택으로 인생이 바뀐다는 것을 새삼 느끼게 된다. 제조부서장일 때 차세대 핵심인력 양성교육에 갈 기회가 있었는데 상사인 팀장이 인사팀 요청사항을 거절하고 가지 말라고 만류하여 못 가게 되었던 Episode다.

교육이 2년 동안이라 길어서 업무 공백이 많으니 가지 말라고 했는데 그 이유는 팀장의 업무성과를 올리는 데 주도적인 역할을 했기 때문이었고, 모든 면에서 팀장과 업무코드가 잘 맞아서 생산, 수율 등 KPI가 타 제조라인에 비해서 우수했다.

  팀장은 인사팀에 전화해서 '본인이 교육을 원하지 않는다', '본인이 싫다고 하는데 왜 보내려고 하느냐?'고 하면서 언성을 높였다. 교육의 인력 Pool에 있는 직원을 입과시키는 것은 인사팀의 고유업무인데 뜻대로 되지 않았기 때문에 인사팀 담당자는 불만이었다. 이것이 직장생활에서 결정적인 실수였다고 생각하는데 팀장의 지시를 어쩔 수 없이 따른 것인데 인사팀에서는 본인이 교육을 거부한 것으로 간주되었다. 삼성 차세대 핵심인력으로 양성되는 좋은 기회였는데 상사가 인사고과권자이기 때문에 만류를 거절하지 못하고 지시에 따라야만 했던 상황이 아쉬웠다.

힌트(Hint)

 최근에 '삼성, 위기인가?'라는 뉴스에서 메모리, 파운드리, 휴대폰 등 트리플 약세라는 기사를 접했다. 반도체 위상이 떨어지고 있어 중장기 미래전략을 이끌어갈 컨트롤타워의 부활이 시급하다는 것이고, 오랜 기간 사법리스크가 발목을 잡았다는 것이 주요 내용이다. 변화와 혁신이 필요한 시점이 아닐까라고 생각해보았다.
 IMF외환위기 때에는 회사의 어려움에 동참하기 위해서 애사심으로 삼성자동차를 구매했고, 반도체 메모리 세계 1위 달성에 기여했던 FAB/EDS 라인의 제조 관리자였다는 자부심이 크다.
 21C 초일류기업으로 지속경영 가능하고 존경받는 훌륭한 회사가 되기를 바라는 마음으로 변화와 혁신의 시작점에서 개선하면 좋을 힌트가 될 수 있다고 생각하는 몇 가지 내용을 아낌없이 전하려고 한다. 다음의 내용들은 10년이 지난 과거를 회고하면서 보고, 들

고, 느끼고 경험했던 내용이고, 주위에 들은 카더라 통신도 있기 때문에 지금과는 다를 수 있음을 밝힌다.

반도체 제조현장에서 23년간 근무하면서 현장의 불합리에 대해서는 지나치지 말고 반드시 개선해야 한다는 의식이 체질화되고 습관화되었기 때문에 표현이 비판적일 수 있다. 문제점을 근본적으로 해결하려면 수면 아래에 보이지 않는 거대한 빙산처럼 잠재되어 있는 모든 불합리를 드러내어 개선해야 한다. 다음에 나오는 12가지 힌트가 트리플 약세에 대한 해결책을 찾는 실마리가 되기를 바란다.

힌트 1 – 신뢰(Trust)

입사하고자 하는 직장에 지원할 때 고려하는 항목 중에 연봉, 업무, 복리후생, 기업 이미지도 있지만 신뢰할 수 있고 지속경영 가능한 회사인가도 중요한 항목이고, 이러한 신뢰가 없다면 계속해서 다닐 이유가 없어질 것이다.

그 당시 뉴스나 미디어에서 나온 내용과 같이, 신경영이라는 취지로 위기의식을 가지고 '나부터 변화하여 한 방향으로 나아가 질 위주의 경영'을 통해서 국제화, 복합화를 이루어 경쟁력을 극대화해서 '21C 초일류기업'이 되어 인류사회에 공헌한다는 비전이었다. 실천내용으로 인간미, 도덕성, 예의범절, 에티켓 등 4가지 항목으로 삼성헌법이 있었다. 이에 대해 긍정적이라고 공감하며 받아들여 실천했던 것 같다. 음주운전, 고성방가, 풍기문란, 부정 등 사회적 문제를 일으키지 않도록 관리하고, 회사 이미지가 실추되지 않도록 말이나 행동에 주의하면서 지낸 시절이었다.

그 즈음에 뉴스를 통해서 비자금 조성, 차명계좌, 불법승계, 분식회계에 대한 내용을 접하면서 회사에 대한 걱정과 우려로 마음이 혼란스러웠다. 지속경영 가능할 것이라는 신뢰와 자부심을 가지고 반도체 부문에서 성공스토리를 만들어가고 있는데 대외적으로 많은 이슈들로 사기가 저하되고 불안했던 것 같다. 앞으로 임직원들의 신뢰를 저버리는 일이 발생해서는 안 될 것이다. 최근까지 사법 리스크가 삼성이 성장하는 데 발목을 잡고 있다. 이를 '반면교사(反面敎師)' 삼아야겠다. 특히 정경유착은 안 될 일이다.

힌트 2 – 무노조

노조가 있고 또는 없는 회사가 공존하고, 서로 장단점이 있으며 차이가 있을 뿐이지 옳고 그름의 문제가 아니기 때문에 각 사에 소속되어 있는 직원이 자신의 신념대로 선택을 하는 것도 존중되어야 한다.

무노조 경영이란 노동조합이 없는 회사로 경영하는 것이고, 회사를 견제할 수 있는 집단이나 장치가 없어서 회사의 뜻대로 모든 것을 결정할 수 있다. 회사의 정책이나 결정사항에 대해서 건의하거나 불만의사를 표현하면 부정적으로 보는 시각이고, 회사의 불합리에 대해서 호소할 곳이 없었다고도 한다.

무노조 경영에서 인사팀의 권력은 방대했다고 한다. 인사팀에서 결정한 사항은 시시비비를 가리지 말고 순응해야 하고, 인사팀에게 불응하면 업적과 역량이 우수해서 좋은 평가를 받더라도 인사고과를 하위로 조정해서 연봉, 승진, 해고 등에 영향을 주었다고 한다. 보통 회사의 인사팀 업무는 직원을 채용하고 직원들이 성과를 최대한 발휘할 수 있게 지원하는 업무다.

얼마 전 뉴스에서 '세계를 바꿀 인재특명'으로 인사팀 조직명을 피플팀으로 바꾸었다는 소식을 접했다. 우수한 인재를 채용하는 것도 중요하지만 회사의 불합리에 대해서 건의하고 개선하려는 열정적인 인재를 떠나게 하지 않는 것도 중요하지 않을까라고 생각했다. 이제는 노조가 있는 회사로 변했기 때문에 이에 맞추어 변화와 혁신이 필요하고, 이것이 인사팀의 핵심과제라고 생각했다.

최근에 급여 인상에 대한 노사합의가 결렬되어 주식에 영향을 끼치고 어려움이 있다는 소식을 접했다. 조금 늦은 감은 있지만 노사협상 전문가를 외부에서 영입하거나 협상전문가 교육과정을 개설하여 원만한 노사관계에 대한 노력이 필요하고, 노조가 있는 회사에게 배우는 것도 좋지 않을까라고 생각해보았다.

힌트 3 – 무리수

회사의 어려움을 해결하고자 가끔 무리수를 두는 경우가 있는데 역효과로 곤란할 때가 있기에 지양하는 것이 좋다. 2011년부터 복수노조가 허용된다고 예정되어 있어서 인사팀에서는 모든 역량을 노조교육에 집중하고, 노조가 내부에서 설립되지 않도록 관리했다고 한다. 무노조로 경영하는 회사였기 때문에 노조가 있는 회사의 단점에 대해서 직급, 계층별로 집합교육을 실시하고, 노조가 있는 회사는 파업으로 인해서 매출이 감소하고, 이것이 회사 수익이 감소해서 결국 급여, 인센티브에 영향을 준다는 내용이었다고 한다. 외부 노조세력이 회사로 침투하지 못하도록 회사 Gate별로 담당자를 정하고 실제로 훈련도 했었던 기억이다.

반도체 메모리 세계 1위 회사가 노조가 생기는 것을 왜 이렇게 두려워하는 것인가? 노조가 있든지, 없든지 노사관계를 잘하면 되는 것 아닌가라는 일부 의견도 있었다. 앞으로 노사관계를 개선하여 서로 상생하면서 발전해 나가면 좋겠다.

힌트 4 – 통제

인사고과는 연봉, 승진, 해고의 기준이어서 직원의 입장에서는 생계를 위협하는 매우 민감한 것이었다. 왜냐하면 인사고과 등급으로 연봉의 증감을 결정하고, 인사고과를 포인트로 환산하여 승진 여부를 결정하고, 구조조정으로 해고하는 대상자를 최근 2년간 인사고과 등급으로 결정했기 때문이었다.

정리해고는 수시로 진행했기 때문에 하위 고과를 받으면 불안한 마음으로 스트레스를 받았을 것이다. 인사고과는 부서의 업무에 따라서 부서장이 평가 기준을 만들어 업적과 역량을 공정하게 성과주의로 평가하는 것이 원칙이었다. 인사팀은 이러한 원칙에 따르지 않고 특별관리하는 직원에 대해서 영향력을 행사했다고 한다. 투명하지 않은 기준으로 인사고과를 조정하여 통제하는 것은 지양해야 하지 않을까라고 생각해보았다. 회사의 발전을 위해서 눈치 보지 않고 자유롭게 자신의 의견을 서로 토론하고 소통하면서 발전하는 조직문화로 거듭나길 바란다.

힌트 5 – 일방통보

사전에 예고 없이 팀장이 다른 부서로 전배 가라고 통보했다. 전혀 다른 분야이고, 새롭게 배우고 적응해야 하기 때문에 거부하고 싶었지만 인사고과권자에게 불응할 수 없는 상황으로 따라야만 했다. 인사이동은 보통 연말에 하는데 본인 의사와는 상관없이 일방적으로 결정해서 통보하는 방식이었다.

인사이동의 원칙이 회사의 발전을 위해서 적임자를 적재적소에 배치하여 최고의 실적을 발휘할 수 있게 하는 것이지만 일은 사람이 하는 것이기 때문에 사전에 충분히 소통하는 과정을 거쳐서 조율하는 것이 더 합리적이고, 극단선택 등으로 안타까운 일을 방지할 수 있지 않을까라고 생각한다.

이런 과정에서 퇴직하는 경우도 발생하고, 많은 비용을 들여서 채용했는데 소통과 조율이 없어서 떠나보내는 것이 맞는지에 대해서 검토해보길 바란다. 노조가 있는 경쟁사는 본인 의사를 확인하여 조율하고, 본인이 거부하면 일방적으로 결정할 수 없다고 한다. 초창기 강조했던 '인재제일'이라는 말을 되새겨서 일보다는 사람을 먼저 생각하고 존중하면 좋을 것 같다.

힌트 6 - ER(Employee Reporting)

그 당시 팀별로 ER 담당자를 선정하여 운영했는데 업무는 직원들의 고충처리를 담당한다고 되어 있으나 실제로는 부서의 분위기나 동향을 파악하고 사건사고, 이슈사항을 정리해서 인사팀에게 주기적으로 보고하는 업무였다. 회의, 사무실, 현장, 회식, 단체활동에서 주고받은 대화, 표현, 사건, 분위기 등이 구체적으로 인사팀에게 보고되었기 때문에 감시받는 느낌으로 의사표현을 자유롭게 하지 못하고 눈치를 봐야 했다.

담당자가 보고하는 것에 따라서 부서의 평가가 달라졌기 때문에 팀장, 부서장도 담당자의 비위를 맞추는 분위기였던 것 같다. 잘못

파악해서 전달됨으로써 오류도 있었으나 사실관계를 정확히 확인하지 않았던 같다. 직원들의 고충을 처리해주어 회사에 대한 신뢰(Trust)를 높이고, 자부심(Pride)을 가지고 즐거운(Fun) 회사생활이 되어 최고의 성과를 발휘하도록 지원해야 하는데 서로 눈치 보고 의사표현을 자유롭게 못하고, 이로 인해서 스트레스를 받으며 CCTV로 감시하는 것과 같은 분위기로 회사를 불신하게 만드는 것에 대해서 점검이 필요하다.

최근에 뉴스에서 '근태부정 신고센터'를 운영한다는 소식을 접했다. 직원들이 서로 신고하는 분위기가 되면 어떤 부작용이 생길까에 대해서도 면밀히 검토가 필요하다. 근태 부정은 게이트 전산기록과 부서장이 체크해도 될 사항인데 직원들 서로가 감시하고 신고한다면 조직문화는 서로 불신하는 분위기가 되어 팀워크도 무너져서 개인주의, 이기주의로 회사목표 달성은 어려워질 것이다. '빈대 잡으려다가 초가삼간 태운다'라는 말이 생각나서 안타깝다. 다른 회사가 'no Rules!', 'work not drive!'를 강조하는 것과 비교된다.

예전에는 부서원이 휴가 가면 다른 동료가 대체업무를 했었는데 요즘은 그런 문화는 없어졌다고 한다. 반도체 메모리 성공을 이끌어왔던 조직문화가 사라져 가는 것 같아서 아쉽고, 21C 초일류기업이 될 수 있을까라는 물음표가 생긴다.

힌트 7 – 정리해고

1997년 IMF외환위기로 주식, 부동산 등 전 분야에 걸쳐 어려움을 겪으면서 많은 기업들이 구조조정으로 몸집을 가볍게 하여 어렵게 버텨내는 시기였는데 삼성반도체도 구조조정하고 정리해고를 실시했다. 해고 기준을 '최근 2년간 인사고과'로 정하여 하위 고과 순으로 대상자를 선정해서 퇴직을 권고했다.

K-반도체 성공의 일원이었던 많은 동료들이 회사를 떠났다. 그 당시는 국가적으로 어려웠던 시기였기 때문에 구조조정하는 것을 이해했지만 그 이후에 수시로 실시했다. 이런 분위기로 생존을 위해서 인사고과에 민감하게 되고, 상위 고과를 받기 위해서 업무도 열심히 했지만 권력을 가지고 있는 상사와 인사팀에게 아첨하려는 분위기였다. 반도체 성공 역사를 이루면서 자부심을 가지고 열심히 일하는 반면에 언제든 정리해고가 될 수 있다는 불안감이 있었다.

그 당시 인사고과 제도는 상대평가로서 부서원의 10%는 하위 고과를 의무적으로 부여하는 것이 인사지침이었기 때문에 하위 고과를 받으면 정리해고의 대상자가 되었다. 해고 면담할 때 본인이 업적과 능력이 부족해서 하위 고과를 받아서 대상자가 되었다는 명분으로 퇴직하라고 권고했다. 언제부터인가 명예퇴직이라는 말이 생겼지만 사실상 권고사직이었다.

회사 발전에 공헌하고 반도체 성공의 일원이라는 자부심도 있는데 정리해고로 섭섭하고 억울한 마음으로 떠나게 되어 퇴사해서도 회사에 반감을 가지는 경우가 많았다고 한다. 이러한 과정이 반복되면서 아군을 적군으로 만든 것 아닐까? 이러한 영향으로 삼성반도체 임원 출신이 중국에 반도체 핵심기술 자료를 유출하고, 중국에서 회사를 설립해서 K-반도체 인재를 영입하는 일이 발생하기도 했다. 파운드리 경쟁사인 대만 TSMC 창업자인 모리스 창 박사는 미국 MIT 강연에서 대만이 반도체 강국이 된 이유에 대해 첫째로 인재, 둘째로는 낮은 이직률이라고 했다. 대만은 반도체 엔지니어와 생산직들이 보수를 조금 더 주는 다른 직장으로 바로 떠나는 일은 거의 없고, 일본도 비슷하다.

반면 미국, 한국 반도체 회사는 이직률이 12~25%로 높다. TSMC와 삼성전자 이직률은 각각 6.7%와 12.9%로(2022년 기준), 삼성전자가 TSMC의 두 배다. K-반도체 인재를 경쟁사에 유출하는 상황을 만들지 않도록 조직문화나 보상체계 등 인사제도의 개선이 필요하지 않을까라고 생각한다.

힌트 8 – 불공정

입사 후 반도체 FAB에 배치받고 부서를 결정하는 단계에서 전자공학과 출신이라서 E직군에 지원하려고 했는데 팀장이 앞으로 사장이 되려면 제조부서에서 경력을 쌓아야 한다고 권유해서 제조 직군인 P직군에 지원했다. 입사 동기들은 P직군, E직군, F직군, G 직군으로 나뉘어서 배치되었다.

입사 당시에는 연봉 차이가 없었는데 몇 년 후 E직군 직원이 반도체 기술을 해외에 유출하는 사건이 발생하고 경쟁사로 이직하는 일이 발생한 직후에 E직군 직원이 이탈하는 것을 방지하기 위해서 대책으로 다른 직군과 연봉을 차별화해서 E직군 연봉을 높여주었다. 입사는 같이 했는데 E직군 동기보다 덜 받으니 자존감도 떨어지고, 업무의욕도 저하되고, 공정하지 못하다고 생각했다.

회사의 발전은 모두가 각자 위치에서 맡은 바 역할을 다해서 만들어지는 것인데 E직군만 우대하는 것에 반감이 있었지만 노조가 없는 회사였기 때문에 호소도 못하고 따라야만 했다. 채용할 때부터 직군별로 지원하도록 했다면 불만이 없겠지만 기술 유출사건이 생긴 직후부터 적용하면서 나머지 직군에게는 불공정이었다. 현재는 직군별로 지원하고 채용해서 불공정은 해소되었다.

힌트 9 – 특별관리

복수노조 시행 전에 인사팀에서 직급별로 특별관리 인력에 대한 면담이었는데 성향이 강해서 주의가 필요한 10% 인원에 해당되니 마음을 수양하라고 했다. 제조 부서장으로서 생산목표를 달성하기 위해서 실적을 강조하다 보니 성향이 강하게 느껴지기도 했겠지만 부서 GWP 점수가 좋고, 조직 분위기도 좋았기 때문에 인사팀장에게 불려간 이유를 이해하기 어려웠다. 그 이후로 생산실적보다는 GWP 향상에 우선순위를 두었다.

힌트 10 – 편애

편애는 '어느 한 사람이나 한쪽만을 치우치게 사랑함'을 뜻한다. 부서원을 편애한다는 이유 하나로 인사팀은 업적과 역량평가 결과를 무시하고 인사고과를 하위로 조정했다.

부서장으로서 주요 성과지표(KPI : Key Performance Indicator)를 달성하기 위해서 최선을 다한 결과로 GWP, 생산, 환경안전, 다면평가 등 모든 지표에서 탁월한 실적이었고, 이를 바탕으로 팀은 연말에 Chip 공급 생산성 혁신상, GWP 우수상, 환경안전 최우수상 등을 수상했다.

인사고과 결과를 오픈하기 전에 팀장이 '올해는 모든 부문에서 업적과 역량이 우수해서 1차 팀장과 2차 제조센터장이 상위 고과로 인사팀에 제출했는데 임의로 하위 고과로 조정했다'고 말하면서 직접 인사팀에 찾아가서 사유를 물어보라고 했다.

인사팀 담당부장과의 면담에서 하위 고과로 조정된 이유에 대해 물어보았는데 대답은 부서원을 편애한다는 말뿐이었다. 어떻게 편애했는지에 대한 내용을 알려주어야 앞으로 개선이 이뤄질 수 있을 것이라고 요청했지만 다른 답변이 없었다. 이러한 내용을 접할 때, 23년간 수천여 명의 직원을 평가한 보직간부로서 고과면담할 때에 어떤 사유로 하위 고과를 받았는지를 명확히 알려주고, 이 점을 개선해서 내년에는 잘해보자고 독려하는 것이 인사지침이었는데 인사팀에서는 명문화된 인사제도를 준수하지 않는 것이 이해되지 않았다.

구체적인 내용도 설명하지 않고 단순히 부서원을 편애한다는 이유 하나로 당해 년의 업적과 역량이 우수해서 1차, 2차 상사인 팀장, 센터장이 평가한 상위 고과를 하위 고과로 임의로 조정하는 것은 부당하다고 어필하였으나 묵묵부답이었다.

부서원을 편애한다는 것이 무엇일까 생각해보았다. 학교에서는 성적이 우수한 학생에게 장학금을 주고, 회사에서는 업무성과가 우수한 직원을 좋게 평가하고 성과급을 지급한다. 수백 명의 부서원 중에서 업무성과가 미진한 직원이 하위 평가를 받았다고 자기 입장에서 부서장이 편애한다고 불평한다면 어떻게 받아들여야 하는가에 대해서 생각해보았다.

인사고과는 1차로 본인이 평가하고, 2차로 상사 2명이 평가하는 체제이기 때문에 누군가를 편애해서 부서장이 일방적으로 평가하는 제도는 아니었다. 불가피하게 부서원의 10% 인력에 대해서 하위 고과를 부여하라는 인사지침이기 때문에 이에 해당되는 인력은 불만이 있을 수밖에 없는 구조였다. 부서원의 10% 인원은 부서장이 편애한다고 인사팀에 투고할 수 있지 않을까라는 생각이고, 이 한 가지로 부서장의 업적과 역량을 평가하는 인사고과를 결정하는 것이 맞는가도 점검해서 개선하면 좋겠다.

힌트 11 - 성공 리더십

'나를 따르라! 네, 직장님!' 그 당시 반도체 제조현장의 모습이다. 현장 리더로서 〈서번트 리더십(Servant leadership)〉이라는 책을 정독한 적이 있는데 리더가 구성원을 섬기는 자세로 그들의 성장 및 발전을 돕고, 조직 목표달성에 구성원 스스로 기여하도록 만든다는 것이다. 이러한 리더십으로 제조현장의 직원들을 이끌어 생산목표를 달성했다. 그 바탕에는 가족과 같은 분위기와 신뢰가 있었다.

제조현장에서 직원이 아프거나 가족문제로 결근하면 다른 직원이 대체업무를 하는 것이 일반적이고 당연시했다. 목표를 달성하기 위해서 구성원 모두가 한 방향으로 나아가야 한다는 팀워크가 있었고, 모두가 동의하는 분위기였다. 현장 리더가 요청하면 불만 갖지 않고 따라주었는데 서번트 리더십의 효과라고 생각한다.

요즘은 위와 같은 상황이 발생하면 현장 리더가 요청하더라도 대체업무를 하지 않는 분위기라고 한다. 왜 이렇게 되었을까도 점검해보고, 조직의 목표를 달성하기 위해서는 팀워크가 중요하며, 이를 위해서 신뢰와 소통이 바탕이 되는 서번트 리더십이 필요한 때이다.

'초심으로 돌아가자!(Return to the basics!)'라는 말처럼 조직의 목표를 달성하기 위한 팀워크를 만들고 적자생존, 약육강식의 정글에서 살아남기 위한 대안이 필요하고, 4차 산업혁명의 시대에서 사라지지 않고 지속 가능하려면 내부의 결속이 필요한 시점이다. 반도체 메모리 세계 1위는 쉽게 달성한 것이 아니라 조직 구성원들이 한 방향, 한마음으로 목표달성을 위해서 각자의 위치에서 역할을 잘했기 때문에 가능했다.

요즘 즐겨 보는 미드 중에 'SWAT'이라는 미국 특별기동대에 대한 내용이 있다. SWAT 팀장 '혼도'에게서 서번트 리더십을 배울 수 있는데 혼도팀은 가족과 같은 분위기, 신뢰, 충성심 등이 바탕이다. 반도체 제조현장, 연구소, 경영진 등 각 부문에서 혼도팀장과 같은 리더십이 필요하다. 바로 반도체 메모리 세계 1위를 달성한 리더십이다.

힌트 12 - 미래전략 컨트롤타워

예전에는 구조본부, 미래전략실이라는 조직명으로 그룹의 전략수립, 투자결정, 구조조정, 오너리스크 대응 등 많은 일을 했다. 최근에 미래전략 컨트롤타워의 필요성이 대두되고 있다. 이 조직의 역할은 중요하며, 그중에 오너리스크를 만들지 않도록 조언하고 지원을 잘하는 것이 중요하다고 생각한다. 반도체 세계 1위 경쟁사를 뛰어넘을 미래전략을 수립하는 데 도움이 될 만한 영화를 소개한다.

2019년에 개봉한 〈포드 vs 페라리〉라는 제목의 미국영화이고, 감독은 제임스 맨골드, 주인공은 크리스찬 베일, 맷 데이먼이다. 내용을 간략하게 소개하면 '자존심을 건 대결의 시작!'

1960년대, 매출 감소에 빠진 미국 '포드'는 판매활로를 찾기 위해 스포츠카 레이스를 장악한 절대적 1위 이탈리아 '페라리'와의 인수합병을 추진한다. 막대한 자금력에도 불구하고 계약에 실패하고, 엔초 페라리 회장으로부터 모욕까지 당한 헨리 포드 2세 회장은 르망 24시 레이스에서 페라리를 박살낼 차를 만들 것을 지시한다.

'불가능을 즐기는 두 남자를 주목하라!'

세계 3대 자동차 레이싱 대회이자 '지옥의 레이스'로 불리는 르망 24시 레이스에 출전 경험조차 없는 '포드'는 대회 6연패를 차지한 '페라리'에 대항하기 위해 르망 레이스 우승자 출신 자동차 디자이너 '캐롤 셸비'(맷 데이먼)를 고용하고, 그는 누구와도 타협하지 않지만 열정과 실력만큼은 최고인 레이서 '켄 마일스'(크리스찬 베일)를 자신의 파트너로 영입한다.

포드의 경영진은 제멋대로인 '켄 마일스'를 포드의 이미지에 맞지 않는 직원으로 여기며 제외하려고 한다. 자신들의 입맛에 맞춘 레이스를 펼치기를 강요하지만 두 사람은 어떤 간섭에도 굴하지 않고 불가능을 뛰어넘기 위한 질주를 시작한다. 2019년, 그 어떤 각본보다 놀라운 실화가 펼쳐진다.

이 영화에서 배울 점은 여러 가지가 있겠지만 먼저 결재, 절차의 간소화로 신속한 의사결정이 가능한 업무 프로세스가 구축돼야 한다. 현장에서 상신한 내용이 회장까지 결재가 승인되기까지 여러 단계로 긴 시간이 소요된다면 경쟁사를 앞서갈 수 있을까?

둘째는 현장의 인재를 옥석 가리듯이 잘해야겠다. 불합리를 개선하려고 열정을 가지고 건의하는 직원을 회사 말 듣지 않는 직원으로 간주하고 뒷다리 잡지 않기를 바란다.

셋째는 신뢰문제이다. 조직의 구성원들이 서로 불신하면 팀워크가 깨지고 목표달성이 어렵다.

최근 삼성 위기론이 대두되고 있는데 여러 가지 방면에서 문제점을 파악하고 해결해야겠다. 신제품 선행개발, 시장 우위 선점, 스피드 경영 등도 중요하지만 경쟁사 대비 차별화된 것이 무엇인가를 생각해보아야 할 때이다.

이러한 바탕에는 조직문화가 중요하다고 생각하며, 반도체 성공

역사를 만들었던 성공 DNA와 조직문화를 되돌아보고, 위의 12가지 힌트가 해결책을 찾는 실마리가 되길 바란다.

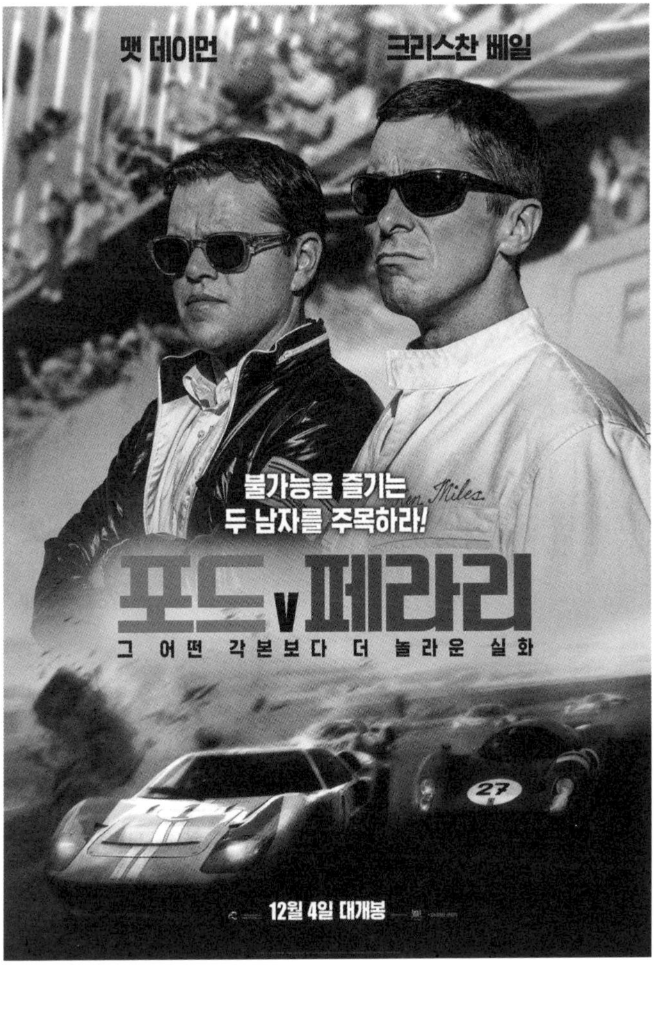

반도체 동맹(Chip 4)

 미국이 제안하여 미국, 일본, 한국, 대만 등 4개국 간의 Chip 4 반도체 동맹이 거론되었다. 미국이 일본, 한국, 대만을 선택한 이유는 무엇일까?

 미국은 설계기술과 장비 분야에서 앞서 있고, 일본은 자동화와 장비 분야에서 뛰어나고, 한국은 메모리 세계 1위이고, 대만은 파운드리(위탁생산) 분야에서 선두이기 때문에 이런 특징을 바탕으로 4개국이 동맹을 맺어 4차 산업혁명을 주도하고자 하는 모습이 엿보인다.

 미국 앤비디아(NVIDIA)는 AI반도체 등을 설계해서 위탁하는 대표적인 설계회사이고, 어플라이드 머티리얼(AMAT), 램리서치(Lam Reserch) 등은 매출 세계 1위 반도체 장비회사이다.

 일본 다이후쿠(DAIFUKU)는 반도체 공장자동화 세계 1위이다. 글로벌적으로 대부분 이 회사가 설치하고 운영한다. 반도체 공장 자동화는 OHT(Overhead Hoist Transfer)라는 자동반송 장치로 구성되어 있는데 OHT 기술을 가지고 있는 회사가 세계적으로 몇 개 되지 않는다. 삼성은 생산기술연구소에서 많은 인력과 비용을 투입해 자체적으로 개발했고, 평택캠퍼스부터는 자체 기술로 자동화를 설치하고 운영한다.

SK하이닉스는 아직 일본 자동화 회사에 의존하여 많은 비용을 지불하고 있다. 일본 TEL, KE, SCREEN 등도 반도체 제조에 없어서는 안 되는 대표적인 장비회사들이다.

한국은 삼성이 메모리 세계 1위이고, SK하이닉스는 AI반도체인 HBM(High Barrier Memory) 반도체에 두각을 나타내고 있다. 대만 TSMC는 미국 앤비디아(NVIDIA), 애플, 퀄컴과 같은 팹리스 설계회사에서 위탁을 받아 반도체를 제조해서 납품하는 파운드리 선두회사이다.

이와 같은 특징을 가지고 있기 때문에 미국이 함께하고자 반도체 동맹을 제안했고, 또한 미국 내에서 사업을 할 경우에 반도체지원법을 통해서 세금을 감면하거나 보조금을 주고 있다.

모든 것을 초월하여(Beyond All)

최근에 '삼성, 위기인가'라는 기사를 접하게 되었는데 메모리, 파운드리, 스마트폰 등 3가지 분야에서 트리플 약세라는 내용이다. 메모리 분야에서는 SK하이닉스, 미국 마이크론 등이 AI반도체 시장을 선점하면서 위협하고 있고, 파운드리 분야에서는 대만 TSMC가 선두를 유지하려고 지속적으로 투자를 늘려가고 있고, 미국 인텔은 2위를 탈환하려고 집중하고 있으며, 스마트폰 분야에서는 미국 애플에 1위를 내주고 있으며, 중국시장은 화웨이가 선점하고 있어서 점차적으로 시장이 줄고 있는 상황으로 삼성의 위기라는 내용이다.

모든 임직원이 하나로 뭉쳐서 초심으로 돌아가야 하는 시점이 아닐까 생각해본다. 메모리 분야에서의 세계 1위 달성은 큰 성과이지만 이것만으로는 K-반도체의 지속적인 성공이 보장되지 않을 것으로 예상된다. 현재의 당면과제에 대응하기 위해서는 삼성의 성공 DNA와 조직문화를 다시 살펴보고, 이를 토대로 지속적인 혁신과 발전을 이루어내야 할 시점이다.

애플, 앤비디아, 퀄컴 등이 파운드리 분야에서 삼성반도체보다는 경쟁사인 대만 TSMC를 선호한다는 것은 시장에서 뒤처지고 있다는 신호이다. 이에 대응하기 위해서는 다양한 전략을 수립하여 경쟁사를 뛰어넘을 수 있는 방향을 모색해야 한다.

첫째, 신뢰와 소통으로 노사 화합을 이루고, 성공 DNA와 한 방향 조직문화로 Mind Set한다. (내부고객 만족과 결속)

둘째, 'Only one' 삼성기술, 제품을 통제하여 가치를 높이고, 신제품 개발을 선행하고 생산을 극대화한다. (시장 우위 선점)

셋째, 주요 고객이자 경쟁사인 애플의 iPhone에 대한 중요사항에 보안요구를 100% 수용한다. (파운드리 물량 확보)

넷째, TSMC를 모든 방면에서 벤치마킹한다. (지피지기 백전백승)

다섯째, TSMC가 필요로 하는 K-기술, 설비 등을 통제한다.

여섯째, ASML(Deep UV) 의존도를 낮춘다. 슈퍼 을인 ASML은 원가에서 불리하고, 메모리 집적도를 높이기 위한 선폭(CD)을 축소(Srink)하는 기술력의 한계에 도달(2nm↓), 반도체 사업을 지속하기 위한 방향수립 필요, ASML은 미국, 중국, 대만 등에 많은 공급으로 아쉬운 점이 없다.

일곱째, TSV(Through Silcon Via) 등 적층 패키지 기술개발에 집중한다. 앤비디아 AI반도체에 채용되는 고대역 메모리(HBM : High Barrier Memory) 등 개발을 강화한다.

앞으로 10년 내에 메모리, 파운드리, 스마트폰 등 3가지 분야에서 경쟁사를 초월한다는 목표를 가지고 구체적인 실행 아이템을 선정하여 집중해야 할 때이다. 이것을 위해서 먼저 해야 할 일은 'Back to the basics'라는 말처럼 초심으로 돌아가서 반도체 성공스토리를 되새겨보는 것이다.

굿바이 마이 컴퍼니

1991년 12월 사회초년생으로 삼성반도체 총괄에 입사해서 제조현장에 배치받아 열정과 도전정신, 충성심으로 젊음을 불태워 메모리 세계 1위를 달성했던 때를 생각하면 가슴이 벅차오르고 뭉클해지며, 함께했던 동료들과의 추억이 생각난다. 제조현장 리더로서 웨이퍼 1매를 더 생산하고, 수율 0.1%를 더 향상시키기 위해서 최선을 다했다.

그런 결과로 메모리 시장에서 경쟁력 우위를 선점하고, 세계 1위가 되어 K-반도체의 위상을 높였다는 자부심이 크다. 회사에서의 비전이 없다고 판단되어 23년간의 삼성맨 생활을 마감했다.

최근에 미국을 중심으로 반도체 산업이 재편되고 있는 분위기다. 반도체 동맹(Chip 4)이나 미국 반도체지원법(CHIPS Act) 등으로 반도체 산업은 더욱 관심을 받고, 4차 산업혁명의 핵심으로 발전해

나갈 것이 확실하다. 앞으로 삼성이 파운드리, 시스템 반도체, AI반도체 등 경쟁사 대비 부족한 부분을 해결하고 인사, 조직, 직장문화를 획기적으로 개선하여 21C 초일류기업이 되기를 적극 응원한다.

II

반도체 기본내용

4차 산업혁명

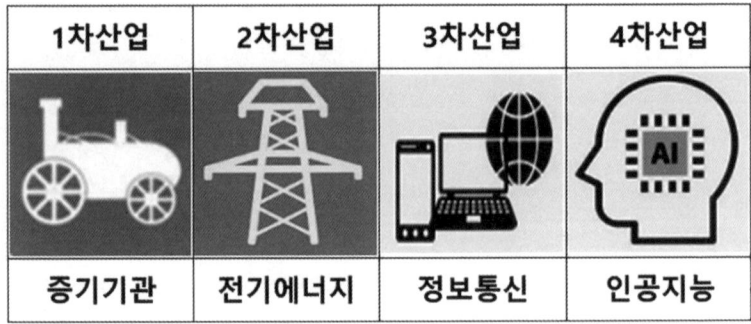

앞으로 세상이 어떻게 변할 것인가를 상상해보면, 4차 산업혁명의 시대로 디지털 기술, 자동화, 인공지능, Chat GPT, 로봇공학, 빅데이터, 사물인터넷, 가상현실, 자율주행 시스템 등 다양한 기술의 융합을 통해서 혁신적인 변화를 이끌어내는 시대가 될 것이다.

디지털 기술의 발전으로 데이터가 중심이 되며, 이를 통한 자동화가 증가하고 있고, 인공지능 기술의 발전은 예측분석, 의사결정 프로세스의 최적화, 자동화된 생산 및 서비스 제공 등 다양한 분야에 영향을 미치고 있다. 로봇기술은 제조업뿐만 아니라 의료, 물류, 서비스 산업 등 다양한 분야에서 사용되며, 생산성을 향상시키고 노동력을 대체하는 역할을 한다. 대량의 데이터를 수집하고 분석하여 통찰력을 얻는 것이 중요해졌고, 이를 통해 기업은 더 나은 의사결정을 내리고 고객에게 더 나은 서비스를 제공할 수 있다. 사물이 서로 연결되고 정보를 교환함으로써 효율성을 극대화하고, 사물인터넷은 스마트 시티, 스마트 홈, 산업 자동화 등 다양한 분야에 적용되고 있다.

위와 같은 제품을 만드는 데 필수적으로 필요한 핵심부품이 반도체이고, 현재까지는 컴퓨터, 휴대폰, 전자기기 등에 사용되었지만 앞으로 그 범위는 더욱 확대된다.

반도체란 무엇인가

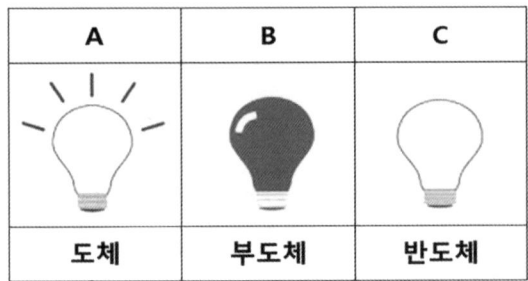

반도체는 영어로 SEMI(반) + CONDUCTOR(도체)로 전기가 통하는 금속과 같은 도체와 전기가 통하지 않는 유리와 같은 부도체의 중간적인 성질을 가진 것이다. 부도체인 실리콘(Silicon)으로 만들어진 웨이퍼(Wafer) 위에 전기적인 특성을 가지도록 공정을 진행해서 반도체 집적회로(IC : Integrated Circuit)를 만든다.

반도체 집적회로는 매우 작은 공간에 수많은 트랜지스터, 저항,

콘덴서, 다이오드 등을 만든다. 집적회로는 다음과 같이 구성되어 있는데 실리콘칩(Silicon Chip)은 집적회로의 기본적인 구성요소로서 실리콘 위에 여러 개의 반도체 소자들이 집적된 작은 칩이고, 트랜지스터(Transistor)는 집적회로 내부의 핵심적인 소자 중 하나로서 전기신호를 증폭하거나 전기적 신호를 제어하는 역할을 한다. 다양한 기능을 수행하기 위해 저항(Resistor), 콘덴서(Capacitor), 다이오드(Diode)와 같은 다양한 전자소자들이 포함된다.

집적회로의 종류는 대규모 집적회로(LSI), 초대규모 집적회로(VLSI), 초고대규모 집적회로(ULSI), 초초고대규모 집적회로(UULSI) 등이 있으며, 이는 회로에 통합된 소자의 수와 복잡성에 따라 분류된다.

반도체 공정

투입前 준비	①	회로설계 및 마스크제작
	②	웨이퍼
가공 (FAB)	③	확산 (Diffusion)
	④	포토 (Photo)
	⑤	식각 (Dry / Wet Etch)
	⑥	이온주입 (IIP : Ion Implantation)
	⑦	화학기계적연마 (CMP : Chemical Mechanical Polishing)
	⑧	화학기상증착 (CVD : Chemical Vapor Deposition)
	⑨	금속배선 (Metal Interconnect)
웨이퍼테스트 (WT)	⑩	전기적특성검사 (EDS : Electric Die Sorting)
패키지 (PKG)	⑪	웨이퍼뒷면연마 (Wafer Backgrinding)
	⑫	웨이퍼절단 (Wafer Sawing)
	⑬	금속연결 (Wire Bonding)
	⑭	성형 (Molding)
	⑮	최종검사 (Final Test)
제품출하		출하

위와 같이 ①부터 ⑮까지 순서대로 제조 공정을 진행하면 반도체가 만들어지고 출하하여 고객에게 전달된다. 이해를 돕기 위해 위 공정에 대해서 간략히 기본적인 내용을 설명한다. 다음은 반도체가 만들어지는 과정을 그림으로 나타낸 것이다.

① 회로설계 및 마스크 제작

고객이 요구하는 SPEC 및 제품 특성에 따라서 사양을 결정하고,

CAD(Computer Aided Design)를 이용해서 전자회로를 설계하고, 도면을 검사 후에 e-BEAM 설비를 이용해서 도면을 석영 유리판에 그려 넣으면 마스크(Mask)가 만들어지는데 레티클(Reticle)이라고도 한다. 마스크는 카메라의 필름과 같은 역할을 하며, 포토(Photo) 공정에 사용된다. 다음 그림과 같은 모양이다.

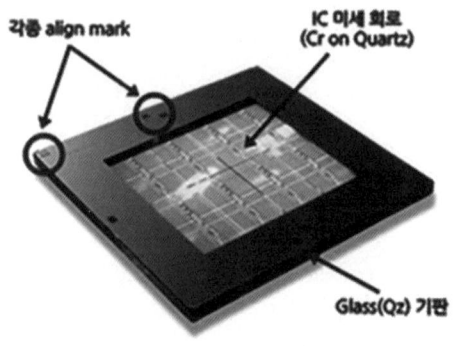

마스크에는 전자회로가 그려져 있어서 카메라로 사진 촬영하는 것처럼 웨이퍼 위에 회로를 찍어서 패턴(Pattern)을 형성하는 중요한 도구이다. 반도체 제품의 난이도에 따라서 공정 수에 차이가 있어서 마스크를 사용하는 포토 공정 스텝(Step) 수도 차이가 있다. 이에 따라서 마스크 수량도 다르며, 각 스텝에 맞게 전자회로가 그려진 마스크를 사용해서 층층이 쌓아가며 패턴을 형성하기 때문에 집적회로(IC : Integrated Circuit)라고 한다. 마스크에는 정렬마크(Align

Mark)가 있는데 포토 공정을 진행할 때에 스텝 간 정렬미스(Misalign)를 방지하기 위한 것이다.

② 웨이퍼

반도체에 사용되는 웨이퍼(Wafer) 제조는 잉곳(Ingot)을 형성하고 절단해서 표면을 연마하여 만들어진다. 잉곳은 모래에서 실리콘(Silicon)을 정제하여 용액으로 만들어서 성장시켜 형성하고, 잉곳을 원형으로 절단하고 표면을 연마해서 웨이퍼 제품으로 출하된다.

(Ingot)　　　　　　　　(Wafer)

웨이퍼를 제조하는 대표적인 회사는 일본 신에츠, 섬코, 한국 SK실트론, 포스코휠스 등이다. 웨이퍼 크기는 점차적으로 커져서 부가가치가 더욱 높아졌는데 현재는 주로 12인치(300mm)를 사용하여 반도체 공정을 진행한다.

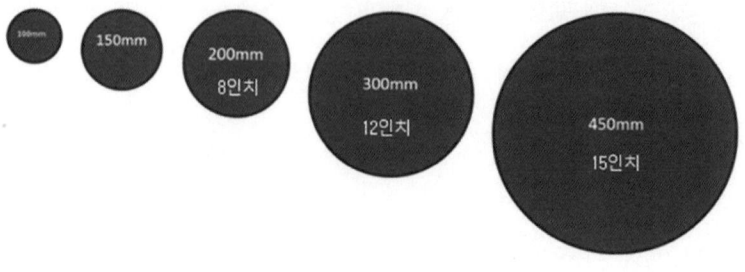

③ 확산(Diffusion) 공정

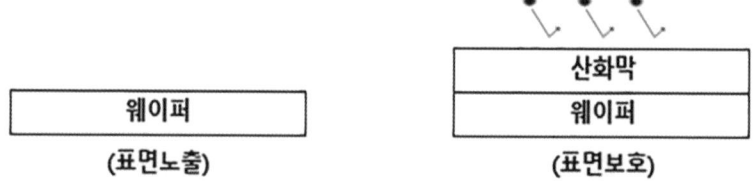

산화(Oxidation) 공정이라고도 하며, 실리콘 웨이퍼 위에 산화막을 증착하는 공정이다. 1,000℃ 이상의 고온상태에서 실리콘 웨이퍼 표면 위에 O_2를 증기상태로 뿌리면 Si와 O_2의 화학반응으로 산화막(SiO_2)이 형성된다. 불순물이 웨이퍼 표면에 침투하면 전도율을 변화시키는 요인이 되어 집적회로(IC)의 전기적 특성에 치명적인 영향을 미치게 되는데 이를 방지하기 위해서 웨이퍼를 투입하면 가장 먼저 하는 공정이다. 설비는 Diffusion Furnace라고 하며, 초창기에는 수평화로(Horizontal Furnace)를 사용했으나 최근에는 수직화로(Vertical Furnace)를 주로 사용한다.

④ 포토(Photo) 공정

포토 공정은 전자회로가 그려진 마스크(Mask)를 사용하여 사진 촬영을 하듯이 웨이퍼(Wafer) 표면 위에 회로를 찍는 공정이다.

첫째, 웨이퍼를 인화지로 만들어주는 공정인 감광액 도포(PR Coating)를 하는데 Spinner 설비노즐(Nozzle)에서 PR이 분사되어 웨이퍼 표면을 도포한다.

둘째, Stepper 설비를 사용하여 마스크에 그려진 회로를 설비 렌즈(Lens)를 통해서 극자외선(EUV)을 비추어 웨이퍼 표면에 촬영하는 공정인 노광(Exposure)을 한다.

| PR |
| 산화막 |
| 웨이퍼 |

(도포/노광)

셋째, 촬영된 회로를 현상(Develop)하는 공정을 진행한다.

PR		PR
산화막		
웨이퍼		

(현상)

포토 공정은 웨이퍼 위에 전자회로 패턴(Pattern)을 만들기 위한 중요한 공정이며, 전자소자(Device)가 축소(Shrink)되면서 공정 난이도가 높아져서 포토 인쇄(Photo lithography) 기술이 중요해졌다. 현재는 트랜지스터의 물리적 길이인 선폭(CD : Critical Dimension) 3nm까지 제품이 양산화되었고, 포토 ASML 설비의 의존도가 높아졌으며, 집적화하는 데 물리적 한계점에 도달했다.

이에 대한 대안으로 반도체칩(Chip)을 패키지(Package)할 때 실리콘 관통전극(TSV : Through Silicon Via)이라는 방법으로 여러 개의 칩을 적층해서 집적하는 방법이다. 이를 제품화한 것이 HBM(High Barrier Memory)이고, 요즘 인공지능에 사용하는 AI메모리로 채택되고 있다.

⑤ **식각(Dry / Wet Etch) 공정**

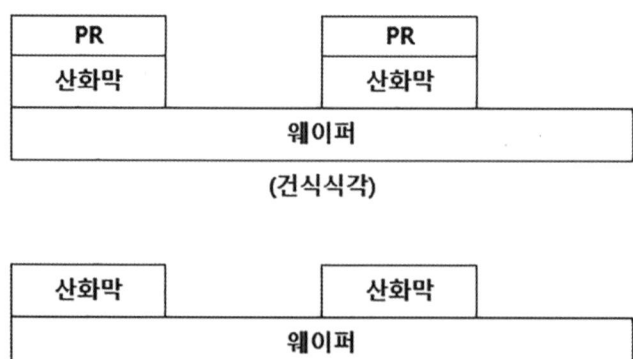

식각 공정은 포토 공정 이후에 웨이퍼 표면 위에 그려진 회로를 형상(Pattern)화하는 공정으로 '판화에서 불필요한 부분을 조각도로 벗겨내는 것'과 같은 원리이다. 건식식각(Dry Etch)은 플라즈마(Plasma)를 발생시켜 웨이퍼 표면 위에 불필요한 막질을 제거하는 방식이고, 습식식각(Wet Etch)은 화학약품(Chemical)으로 웨이퍼 표면 위에 있는 감광액(PR)이나 불순물을 제거(Strip)하는 방식이다. 식각 공정 후에 웨이퍼를 V-SEM으로 보면 위와 같은 그림이다.

⑥ 이온주입(IIP : Ion Implantation) 공정

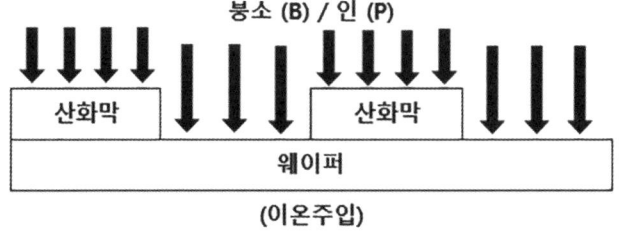

이온주입 공정은 식각 공정 이후에 웨이퍼 표면 위에 만들어진 회로 패턴(Pattern)에 붕소(B), 인(P)과 같은 원소를 진공(Vacuum) 중에서 이온화하여 수백 keV의 고전압을 가하여 웨이퍼 위에 원하는 깊이만큼 주입하여 전기적인 특성을 갖도록 하는 공정이다. 즉, 웨이퍼는 실리콘으로 만들어진 부도체이지만 전자회로 설계에 따라

서 원하는 부분에 붕소, 인과 같은 불순물을 주입하면 전기적인 특성이 생겨서 반도체가 된다. 이온주입 설비는 고전압을 발생시켜서 공정을 진행하기 때문에 그에 대한 영향으로 전기장이 발생하므로 근처에서 일하면 인체에 좋지 않을 수 있다.

⑦ 화학적, 기계적 연마(CMP) 공정

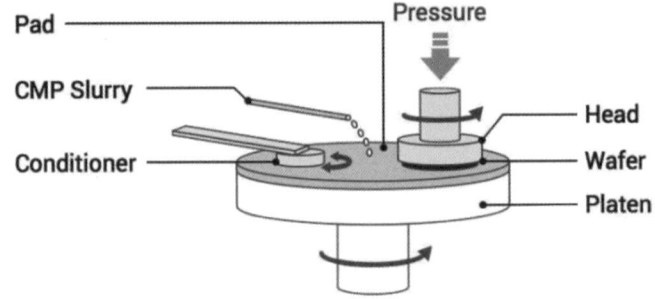

CMP(Chemical Mechanical Polishing) 공정은 화학적, 기계적 방법을 통하여 웨이퍼 표면의 단차를 제거하거나 평탄화하는 기술이다. CMP 설비는 Pad, Slurry, Conditioner로 구성되어 있으며, Slurry를 공급하여 표면이 연마하기 쉬운 소프트한 상태로 변하고, 표면을 고속으로 회전하는 Pad를 이용하여 기계적 연마로 제거한다.

웨이퍼 표면에 단차가 심한 상태에서 포토 공정을 진행 시에 초점(Focus) 문제가 발생하는데 이를 방지하기 위한 공정이고 효과적이다.

⑧ 화학기상증착(CVD) 공정

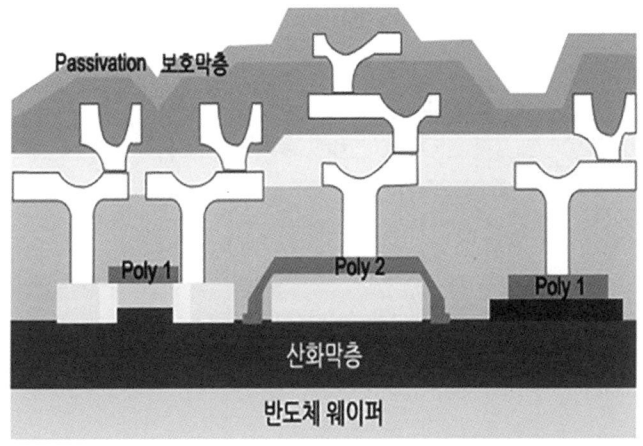

　화학기상증착(CVD : Chemical Vapor Deposition) 공정은 설계된 회로 패턴(Pattern)에 박막을 증착하는 공정으로 진공관(Vacuum Chamber) 내에서 가스 화학반응으로 형성된 입자를 수증기 상태로 뿌려서 웨이퍼 표면 위에 증착한다. 각 스텝(Step)을 진행하면서 층(Layer)을 쌓아서 반도체를 만드는데 마치 건물을 쌓아 올리는 것과 같다. CVD 공정은 만들어진 수많은 반도체 전자소자의 보호막 역할을 한다.

⑨ 금속배선(Metal Interconnect) 공정

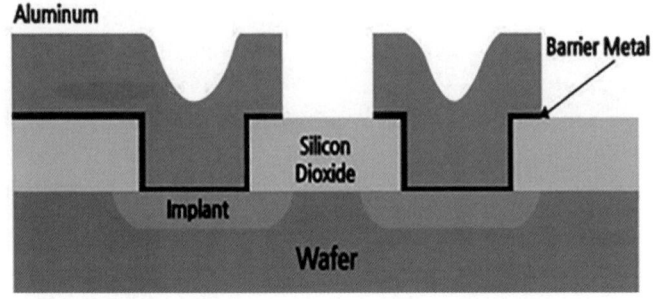

금속배선 공정은 웨이퍼 위에 만들어진 수많은 반도체 전자소자(Device : Transistor, Diode, Capacitor, Resister)들이 전기적으로 잘 동작되도록 금속으로 연결하는 공정이다. 알루미늄 타겟(AL Target)을 진공관(Vacuum Chamber)에 넣어 고온으로 끓여서 입자상태로 웨이퍼 표면 위에 박막을 형성하여 부착하는 공정이다. 메탈(Metal) 설비는 전기적 특성 분리(Isolation)를 위해서 비메탈(Non-metal) 설비와는 구분해서 사용해야 하는데 가끔 실수로 혼용하게 되면 오염(Contamination)되어 제품도 폐기하고 설비로 PM해야 하기 때문에 구분 관리하는 것이 중요하다.

Stack 방식

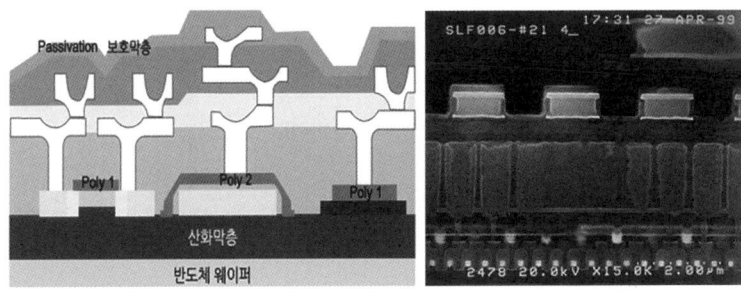

앞에서 소개한 8대 공정들을 모두 진행하게 되면 위 좌측과 같은 그림이다. 웨이퍼를 수직으로 절단하여 V-SEM으로 촬영하면 위 우측과 같은 사진을 얻을 수 있다. 수많은 층(Layer)이 마치 고층 빌딩처럼 높게 쌓여 있는데 이와 같은 방식으로 만들어지기 때문에 Stack 방식의 집적회로(IC : Integrated Circuit)라고 말한다.

패턴 웨이퍼(Pattern Wafer)

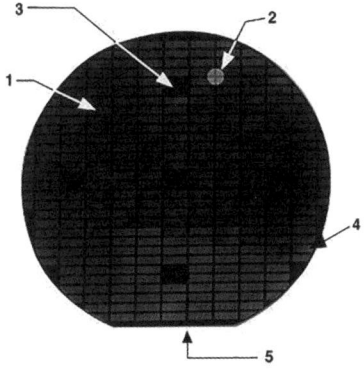

반도체 제조 공정(FAB)이 완료되면 위와 같은 웨이퍼 완성품을 얻을 수 있다. 위 웨이퍼 그림에서 1은 칩(Chip)이며, 웨이퍼 위에 집적회로(IC)가 새겨진 얇고 작은 조각이고, 2는 칩 사이의 경계로 웨이퍼를 낱개의 칩으로 나누기 위한 분리선(Scribe Line)이고, 3은 테스트 소자(TEG : Test Element Group)로 칩의 실제 특성을 확인하기 위한 것이고, 4는 가장자리에 있는 제품화할 수 없는 죽는 칩(Edge Die)이며, 5는 웨이퍼의 위아래를 구분하기 위해 평평하게 만든 부분(Flat Zone)이다.

⑩ 전기적 특성검사(EDS : Electric Die Sorting)

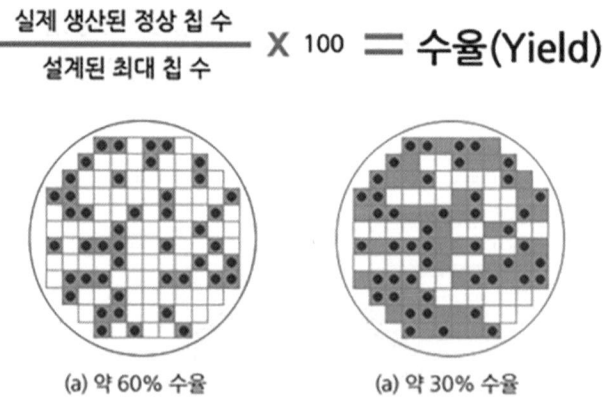

웨이퍼 테스트(Wafer Test)라고도 하며, 칩(Chip) 단위로 전기적 특성검사를 해서 양품 Chip을 선별하는 Test이다. 고온, 저온, 고압

등 극한 조건에서 진행되며, 불량 Chip은 특정 표시(Inking)를 해서 Package 공정할 때 폐기하도록 한다. EDS 수율결과에 따라서 FAB 공정설비의 사용 여부를 결정하기도 하고, 수율을 관리하는 기준이 된다. 신규 FAB 공정설비를 처음 사용할 때에는 EDS 수율을 확인 후에 확산 적용하고, 패키지(Package) 수율을 확인한 후에 설비를 양산 전환하여 사용한다.

패키지(PKG)~제품 출하

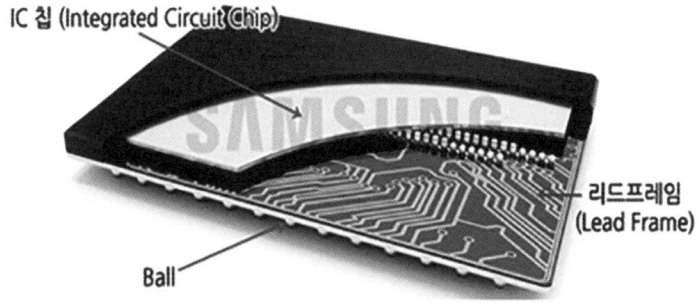

패키지(Package) 또는 조립(Assembly)이라고 하며, 집적회로칩(IC Chip)을 패키지해서 제품 형태로 만들어 출하하는 공정으로 순서는 다음과 같다.

웨이퍼 테스트(WT) 진행 후에 넘어온 웨이퍼를 먼저 칩(Chip) 단위로 절단하기 쉽게 웨이퍼를 뒷면 연마(Back grinding)한다. 다음에 다이아몬드 절단기로 낱개의 칩으로 절단(Sawing)하고, 리드 프레임과의 전기적 특성을 갖도록 금속 연결(Wire Bonding)을 한다. 다음에는 수지(Resin)로 구성된 EMC(Epoxy Molding Compound)에 고온을 가해서 젤 상태로 만들어 원하는 틀에 넣어 성형(Molding)을 진행한다. 고온, 고전압 등 최종 검사(Final Test)에서 합격하면 출하되어 고객에게 전달된다.

반도체의 종류

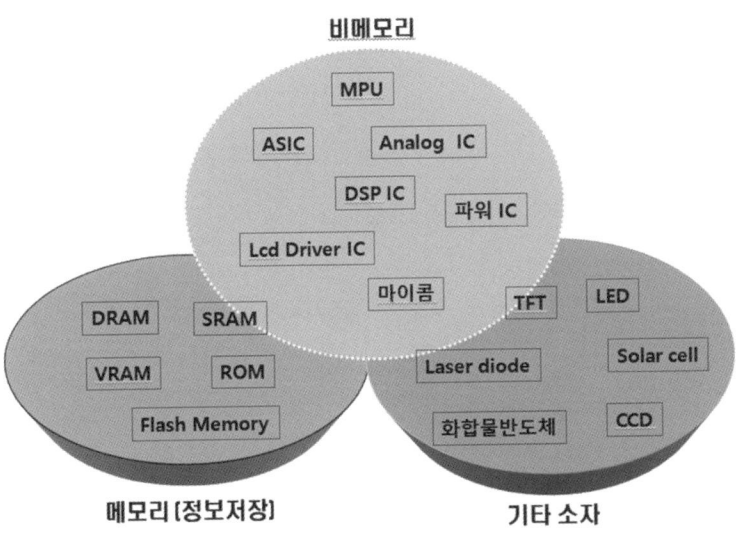

구분	특성	적용
DRAM (Dynamic Random Access Memory)	용량이 크고 속도가 빠르기 때문에 컴퓨터의 주력 메모리로 사용	(노트북) 컴퓨터
Mobile DRAM	모바일 기기를 작동하는 데 사용하는 고성능, 저소비 전력 DRAM	휴대용 디지털 기기
SRAM (Static Random Access Memory)	용량이 적고 저장한 데이터를 보존하는 특성으로 그래픽 카드의 메모리로 사용	그래픽 카드
Nand Flash Memory-3D NAND	전원이 끊겨도 데이터를 보존하는 특성을 가진 메모리로 대용량 정보저장 용도로 사용	디지털카메라 SSD, MP3, USB
eMMC (embeded Multi Media Card)	모바일 기기의 데이터 고속 처리를 위해 사용하는 저장용 메모리 카드	Full HDD 등 고사양 컨텐츠
MCP (Multi Chip Package)	두 개 이상의 반도체 Chip을 햄버거처럼 층층이 쌓아 공간 효율성을 높이는 휴대용 기기에 사용	스마트폰, 태블릿 PC
HDD (Hard Disk Drive)	자성체로 코딩된 디스크에 데이터를 저장하는 대용량 저장장치로 PC 보조기억 장치로 사용	(노트북) 컴퓨터
SSD (Solid State Drive)	HDD의 대체 보조기억 장치로 사용하며 Nand Flash Memory에 데이터를 저장하여 발열, 속도, 안정성 향상	(노트북) 컴퓨터

반도체 용어설명

용어	설명
Smock(스목)	반도체 클린룸 작업복
Device(전자소자)	트랜지스터, 커패시터, 다이오드, 저항 등
Transistor(트랜지스터)	집적회로에서 스위치 역할
Resist(저항)	전류의 흐름을 조절
Capacitor(커패시터)	전하를 충전하고 보관
Diode(다이오드)	신호를 전달
Clean Room	반도체 제조라인
FAB	Fabrication(제조)의 약자
Clean Class	오염 수준
H_2O	과수를 말하며 FAB에서 사용하는 공업용수
Si(실리콘)	화학원소로 웨이퍼의 주성분
Wafer(웨이퍼)	Si이 주성분인 반도체 원재료(원형 6, 8, 12inch)

Natural Oxide(자연산화막)	웨이퍼(Si)가 공기(O_2) 중에서 반응하여 SiO_2 생성
Back up(백업)	설비 정상화 작업
Semiconductor (반도체)	도체와 부도체의 중간 물질
Down(다운)	설비 고장
PHOTO(포토)	반도체 8대 공정 중 하나로 집적회로 패턴 형성
ASML	PHOTO 공정설비로 네덜란드 제작
Error(에러)	설비 오류, 실수
WT	Wafer Test의 약자로 EDS라고도 하며 양품선별 공정
PKG	Package의 약자로 반도체 후 공정
Operator(오퍼레이터)	설비운영 작업자
Dummy Test	웨이퍼로 공정을 진행하기 전에 Test용 Wafer로 공정조건 테스트
Patrol	순찰
Interlock(인터록)	안전장치
Episode(에피소드)	일련의 사건
Wet Etch	습식식각 공정
Full Automation System	반도체 제조라인을 구성하는 완전 자동화 시스템
OHT(Overhead Hoist Transfer)	천정에 설치된 레인을 따라 웨이퍼 용기를 이송하는 장치
Stocker	웨이퍼 용기를 저장하는 곳

Conveyer	자동화 설비를 연결하고 웨이퍼 용기를 이송하는 장치
Lifter	웨이퍼 용기를 상하로 이송하는 장치
Ingot(잉곳)	실리콘(Si)을 녹여 만든 봉
Chip(칩)	웨이퍼로 반도체 제조 공정을 완료 후 Chip으로 절단하여 Package하고 제품화하여 출하
Visual Inspection(육안검사)	PHOTO, ETCH 공정 후에 IC 패턴이 정확성과 불량 여부를 광학현미경으로 검사
광학현미경	빛의 굴절을 이용하여 미세한 조직을 확대하여 관찰하고 접안렌즈, 대물렌즈로 구성
ETCH(에치)	반도체 8대 공정 중의 하나로 집적회로 패턴에서 불필요한 부분을 제거
IC	Integrated Circuit(집적회로)의 약자
Yield(수율 %)	(양품 Chip 수 ÷ 전체 Chip 수) × 100
KLA	계측기의 일종으로 Particle을 주로 측정
Particle	먼지 등 부유입자
SPEC(기준치)	공정 후에 CD, 두께, 농도, PC 등을 측정하는 기준치
Defect	비정상인 상태, 결함
Lot(로트)	웨이퍼 25장 단위
Hot Lot	보통 공기보다 더 빠르게 진행하도록 관리하는 Lot
TAT(공기)	Turn Around Time의 약자로 반도체 FAB In~FAB Out 소요시간
DRAM	Dynamic Random Access Memory로 동적 기억장치

SRAM	Static Random Access Memory로 정적 기억장치
NAND Flash Memory	전원이 끊겨도 데이터를 보존하는 비휘발성 메모리
Foundry(파운드리)	위탁생산
TSMC	Taiwan Semiconductor Manufacturing Company의 약자로 세계 1위 위탁생산(Foundry) 회사
Wafer(웨이퍼) Size	반도체에 사용하는 웨이퍼는 원형으로 4inch(100mm), 6inch(150mm), 8inch(200mm), 12inch(300mm)이며, 현재는 주로 12inch 웨이퍼를 사용
Shrink(축소)	DRAM의 기억용량을 증가시키려면 동일 면적에 더 많은 전자소자를 만들어야 하기 때문에 집적회로를 축소하는 기술이 중요하고, 반도체 시장 우위 선점에 가장 중요한 요소
CAPA(생산능력)	Capability의 약자
반도체 제조 현장관리자	Shift장(직장), Unit장(부직장), Aid(조장)
Diffusion(확산)	반도체 8대 공정 중에 하나로 산화막 형성
Operator(오퍼레이터)	설비를 운영하는 여사원
Run Box	4, 6, 8inch를 25장 단위로 보관하는 박스
Loading, Unloading	설비 Load Port에 Run Box를 놓고 꺼내는 작업
FOUP	Front Opening Unified Pod의 약자로 12inch 웨이퍼 보관용기
반도체 8대 공정	DIFF, PHOTO, DRY ETCH, WET ETCH, CVD, CMP, IMP, METAL 공정

TPM(Total Productive Maintenance)	총 생산보전으로 생산성과 품질 향상을 위한 혁신활동
도요타 생산방식	일본 자동차 회사에 적용하는 JIT(Just In Time) 생산방식으로 간판생산
현장 2S	일본어 せいり(Seily), せいとん(Seidon)을 뜻하며, 현장 정리정돈을 말함
3定(3정)	정해진 것을, 정해진 양만큼, 정해진 곳에 놓고 사용하자는 현장 개선활동
TFT	Task Force Team으로 프로젝트를 수행하는 특별기획팀
Bottle Neck	병목 공정으로 어떤 사유로 설비 CAPA가 부족한 공정을 말함
Run Down	설비에 공정을 진행할 웨이퍼가 부족한 것을 말함
Send FAB	다른 FAB로 웨이퍼를 보내서 공정을 진행해오는 것을 말함
재공 Balance	각 공정에 균형으로 웨이퍼 분포
Thin Film	박막 공정을 뜻함
End FAB	반도체 FAB 공정 중에서 마지막 부분을 말함
Paradigm Shift	체제나 시스템이 다른 개념을 대변환하는 것
MES	Manufacturing Execution Systems의 약자로 생산 현장에서 실시간 현황파악, 작업의 계획 및 수행, 품질관리 등을 측정할 수 있는 통합관리 시스템
MCS	Machine Control System의 약자
ECS	Equipment Control System의 약자
Primary, Secondary System	평상시에는 Primary System으로 운영하는데 비상시에 Secondary System으로 Recovery하도록 시스템을 구축함

Benchmarking(벤치마킹)	경쟁업체의 경영방식을 분석
4조 3교대	4개조(A/B/C/D)로 현장인원을 편성하여 24시간 365일 가동하는 체제로 근무시간은 DAY 06:00~14:00, SW 14:00~22:00, GY 22:00~06:00 3교대로 운영
동작 특성	반도체 전자소자들이 목적에 맞게 동작하는 특성
신뢰성 Test	고전압, 고온 등 극한 조건을 가해서 불량 선별
TAT 단축	웨이퍼가 FAB In되어 FAB Out까지 소요되는 평균 시간을 단축하는 현장의 혁신활동
공정 단순화	기존에 진행하던 공정을 Skip하거나 시간단축 활동
재공 Report	공정명과 재공량을 볼 수 있는 표
Inform(인폼)	노트에 기록하여 현장의 중요 정보를 전달
Recipe(레시피)	공정을 진행하는 설비조건
Action Item (액션 아이템)	PDCA(Plan Do Check Action) Cycle 중에 Action(조치)에 해당하는 항목
설비효율	종합효율, 가동률 등을 말하는 설비관리 지표
Drop	생산량이나 수율 저하
Flow	다음 공정으로 이동
설비 Arrange	재공상황에 따라서 설비를 적절하게 조정
Knowhow(노하우)	경험을 바탕으로 한 실제적인 기술지식
Skill(스킬)	숙련 기능
Servant Leadership(서번트 리더십)	부서원을 섬기는 리더십
설비 PM	주기적으로 설비를 Clean하는 작업

설비 Down	설비가 고장으로 사용하지 못하는 상태
Particle Hold	먼지나 이물질이 기준치보다 많아서 설비를 사용하지 못하게 하는 것으로 전산으로 홀드
Smart Factory(스마트 팩토리)	모든 데이터와 정보를 수집하고 저장하여 활용하는 공장자동화
System Back Plan	시스템이 Down되었을 시에 복구계획
KPI(Key Performance Index)	주요 성과지표로 평가 기준

Ⅲ
비긴 어게인

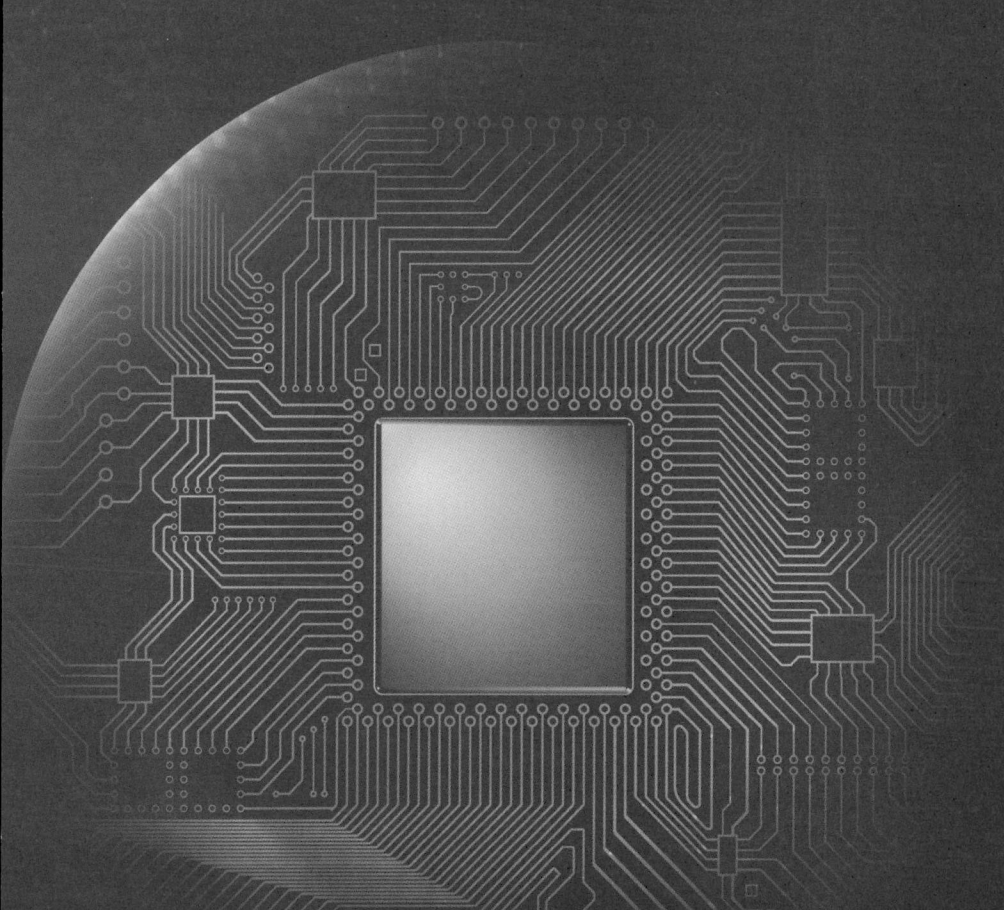

감사(Thanks)

2013년 9월에 갑작스럽게 삼성을 떠나게 되었고, 사전준비 없이 그만두게 되어 앞으로 어떻게 살아가야 할지 막막한 심정이었는데 감사하게 새로운 곳에서 또다시 시작하게 되었다.

아내에게는 퇴직하게 된 구체적인 이유는 설명하지 않았고, 상사와 의견이 맞지 않아서 힘들어서 그만둔다고 하고, 그 당시 명예퇴직을 하는 분위기여서 그 부류에 끼어 자연스럽게 그만두었다. 앞으로 어떻게 살아가야 할지 불안했는데 아내는 담대하게 위로하며 기도했다. 회사생활을 하면서 피곤하다는 이유로 새벽예배를 가질 않았는데 아내와 함께 불안한 마음을 치유받기 위해 가서 절실하게 기도했다. 새로운 직장에 들어갈 수 있도록 기도했는데 응답이 왔다.

여러 곳에 지원한 중에 공장자동화 회사에서 연락을 받아 면접을 진행하게 되었다. 면접위원이 함께 좋은 인연을 만들어 나가자고 말씀하셔서 기대감이 높아졌다. 이후, 반도체 공장자동화 시스템을 구성하는 설계, 제어, 기구, 설치, 영업 등을 총괄하는 업무를 맡게 되었다. 그 당시 연매출 3,000억 규모의 중견기업으로서, 디스플레이와 반도체 공장자동화 분야에서는 국내에서 상위 3개 기업 중 하나로 손꼽히는 위치에 있었다. 반도체 제조라인의 자동화 시스템을 삼성에서 운영한 경험이 있었기 때문에 업무에 빠르게 적응하며, 기존의 경계를 넘어선 새로운 도약이었다.

새로운 도약(Jump up)

앞에서 언급했던 새로운 직장은 삼성, LG, BOE, CSOT 등의 1차 벤더이며, 디스플레이와 반도체 공장자동화 전문회사였다. 반도체 사업부장으로서 삼성과 SK하이닉스 등 반도체 공장자동화에 대한 SW, 제어, 설계, 기구, 설치, 유지보수 등 Total Solution에 대해 Project를 관리하고 수행하는 업무였다. 삼성에서 반도체 제조라인(FAB, EDS)을 총괄하면서 자동화를 운영했기 때문에 전반적인 내용과 흐름을 알고 있어서 적응하는 데 그다지 어렵지 않았으나 영업과 고객대응은 경험이 없어서 낯설었다.

삼성을 떠나 처음으로 영업을 하게 되니 생소한 것도 많았고, 배울 점도 많았는데 그 당시 부회장님에게 배웠던 영업에 대한 가르침이 도움이 되었다. '고객을 만나기 전에 선물 보따리를 준비해라'라고 했는데 유익한 정보, 새로운 기술, 고객이 관심을 가질 만한 것들을 준비하라는 것이었다.

또 '영업은 관계이다. 모든 관계를 어떻게 할 것인가를 항상 고민하자'고 했다. 그룹 회장님은 지구온난화 등 기후 변화의 중요성을 강조했는데 기온이 1℃ 상승하면 생태계가 변화해서 인간이 살기 어려워질 것이라고 강조하고 후손들을 위해서 태양광(Solar) 사업에 박차를 가했다.

태양광 회사 간의 원가경쟁 때문에 어려운 상황이었고, 매년 많은 적자로 순탄치 않았지만 손익보다는 기후 변화와 환경보호를 우선으로 생각하는 그룹 회장님의 집념으로 포기하지 않고 사업에 매진했다. 후손들의 미래를 생각하고 기후 변화와 환경보호를 생각하는 열정은 정말 존경스럽고, 새로운 것을 배울 수 있는 기회였다.

매년 경영계획을 수립하여 발표하고, 손익분기점을 기준으로 비상체제가 가동되었고, 전원이 위기를 느끼고 매진할 수 있도록 했다. 반도체 사업부장으로서 재직 중에 가장 중요한 성과는 층간 Lifter(HT)를 개발해서 SK하이닉스에 최초로 납품했고, 개발 중단되었던 Dual OHT(Overhead Hoist Transfer) 개발을 완료했다는 것이다. OHT는 반도체 제조라인에서 웨이퍼를 자동 반송하는 장치로 사람이 하던 작업을 대체하는 중요한 자동화 설비이다.

OHT 기술을 가지고 있는 회사는 국내 3개 정도이고, 초기에는 일본만이 가능했던 기술이다. 삼성반도체는 OHT를 자체 개발하여 사용하고, 일부 공장은 국내 자동화 회사에게 맡겼다. 2019년 10월 27년간 월급쟁이 생활을 마감하고 창업을 생각하던 중에 동업하자는 제의가 있어서 본격적으로 사업을 시작했다.

법인설립(Establishment)

2019년 10월 공동대표 체제로 ㈜제이더블유이노베이션 법인을 설립했다. 반도체 자동반송 시스템 유지보수(CS) 및 프로젝트 매니저(Project Manager) 업무에 인력을 파견하는 회사이다. 초기에는 순탄치 않았고, 재무상태를 진단해보니까 주로 거래하는 발주처에서 인건비를 강제 삭감하여 매월 적자상태였다. 도저히 버티기가 어려워서 2020년 6월까지 거래한 후에 새로운 곳을 영업하여 협력사로 업체 등록하여 거래하게 되었다.

새로운 발주처는 삼성반도체, SK하이닉스, 마이크론 등 반도체 회사의 1차 벤더로서 반도체 공장자동화 설비를 납품하여 현장에 설치하는 업체인데 PM(Project Manager)과 품질업무를 위탁받아서 평택, 이천, 아산, 천안, 온양, 대만, 싱가포르 등 여러 Site에서 일했다.

공동대표 체제로 경영총괄과 기술총괄 대표로 각자의 역할을 수행하여 회사를 운영하고 있다. 코로나19로 21년부터 22년까지 2년 동안 어려운 시기를 경험했지만, 힘들게 버티며 회사를 안정화시키고, 최근에는 ST社의 파트너사가 되어 싱가포르에서 프로젝트와 유지보수 업무를 수행하고 있다. 앞으로는 미국, 유럽 등 글로벌하게 사업을 확장할 계획이다.

IV

브이아이피

가족(Family)

어려운 성장기를 겪고 성인이 되어 직장생활을 하면서 결혼도 하여 아이도 생기고, 생계를 유지하기 위해서 앞만 보고 달려왔는데 이제 지천명의 나이가 되니 주변을 둘러보는 마음의 여유가 생기고 가족이 가장 소중하고 중요하다는 것을 새삼 깨달았다.

아내는 제게 있어서 생애의 소중한 반려자이자 힘의 원천이다. 결혼 전에는 대학병원 중환자실에서 간호사로 일하며 의료현장에서 소중한 경험을 쌓았다. 결혼 후에는 가사와 아이들의 양육에 전념하여 가정을 지켜왔고, 아이들이 성장한 후에는 다시 간호사로서 내과병원에서 환자들을 돌보고 있다. 아내의 헌신과 힘든 상황에서도 끝없는 사랑과 섬김으로 가득한 모습이 항상 저를 감동시킨다. 그녀의 인내와 헌신에 감사함을 느끼며 함께하는 인생의 여정을 더욱 소중히 여기고 있다. 아내도 이제 지천명의 나이로 육체적으로 힘든 점도 있어 보이지만 사회생활을 하면서 열심히 살아가고 있는 모습이 아름답다.

　세상에서 가장 소중한 딸이 둘인데 첫째는 엄마, 아빠가 빨리 보고 싶었는지 예정일보다 2주일 일찍 태어났다. 너무 작아서 인형처럼 예쁘고 얼굴이 똘똘하게 생긴 것이 범상치 않았는데 어릴 적부터 노래 부르고 춤추기를 좋아했고, 여러 사람 앞에서도 두려움 없는 것이 딱 무대 체질이었다. 교회가 운영하는 예술단에서 합창과 댄스도 하면서 연기 쪽에 관심을 가지게 되어 영재교육원에서 3년간 연기수업도 수료했다. 예고 연기영화과를 졸업하고 방송예술대학에서 연기를 전공하면서 본인의 꿈을 위해서 열심히 살아가고 있다.

　학교 공연에서 연출을 맡으면서 동료가 연기하는 것을 지도하면서 좀 더 성장하고 있고, 연기가 아닌 연출이라는 새로운 달란트를 발견하게 되는 계기가 된 것 같다. 각종 오디션에 합격해서 연극도 하고, 촬영도 하고 있고, 아직 비중 있는 배역은 아니지만 꾸준히 연기자로서 성장하고 있다.

　최근 2023년 12월에는 대학로 해오름 예술극장에서 '복길잡화점'이라는 연극으로 데뷔했다. 자신이 하고 싶은 것에 최선을 다하는 딸이 멋있다. 인도네시아 발리에서 한 달 혼자 살기 여행을 하면서 붙임성 있는 친화력으로 외국인과 사귀고, 지진이 발생했을 때도 담대하게 대처하는 것이 대단하다.

교회에서 초등팀 찬양 인도나 교회행사 사회자 등 사역으로 선한 역할을 감당하고 있어서 감사하다. 어릴 때 훈육한다고 심하게 벌을 주었는데 그것이 마음의 상처로 남아 있는 것 같아서 미안하고, 앞으로 아이가 원하는 일을 하며 행복하게 살아갈 수 있도록 모든 것을 지지해줘야겠다.

첫째가 태어나고 2년 후에 둘째이자 막내가 태어났다. 출생 전에 초음파로 얼굴을 보았는데 그 모습이 태어나서도 너무 똑같아서 놀라웠고, 아내를 많이 닮은 외모였다. 어릴 적에는 언니와는 반대로 수줍음이 많아서 대중 앞에 나가기를 꺼려 했는데 교회 예술단에서 합창과 댄스하면서 점차 변화했고, 원만한 성격이어서 친구들과의 관계도 좋았다. 사는 곳이 학구열이 높은 곳이다 보니 친구들과 경쟁하기 싫다고 미국에 유학을 원했다. 필리핀에서 2년간 어학과정을 수료하고, 미국 시애틀, 라스베가스에서 대학을 졸업하고, 시애틀에서 호텔에 근무했다.

고등학교 때부터 혼자서 해외생활을 하면서 모든 것을 스스로 해결하고, 학업도 열심히 해서 본인 원하는 대학, 직장에 다니는 것이 대견스러웠다. 오랜 기간 해외에서 홀로 생활하면서 수입, 지출을 직접 관리하면서 경제관념이 생기고, 모든 일을 자신이 결정하면서 독립심이 생겼고, 무엇이든지 스스로 하는 모습이 믿음직스럽다. 최근에는 캐나다에서 직장생활을 하려고 준비 중이다. 앞으로 아이가 원하는 일을 하며 행복하게 살아갈 수 있도록 모든 것을 지지해줘야겠다.

장모님은 항상 반갑게 맞아주어서 너무 편하고 친근하고 존경하며 따르던 분이었다. 몇 해 전에 노환으로 세상을 떠나셔서 슬프고 그립다. 항상 선하게 웃던 미소가 생각나고 순대와 치킨을 함께 먹으며 즐거워하시던 모습이 떠오르고, 주변 사람들을 항상 자상하게 챙겨주고 정말 선하신 분이었고, 함께했던 즐거운 추억을 가끔 떠올린다.

처남은 삼성에서 근무할 때 선배이자 상사였고, 유머러스하며 매력이 넘쳐서 주변에 사람이 많다. 나에게 막내 여동생을 아낌없이 소개시켜 주어서 결혼했는데 항상 감사하며 살아야겠다. 큰동서는 담임목사로 목회하시고, 항상 좋은 말씀과 큰 사랑으로 가족을 화목하게 하시고, 큰처형은 넓은 마음과 활달한 성격으로 장모님이 세상을 떠나고 나서 동생들에게 버팀목이 되어주고 있다.

작은동서와 처형은 30여 년간 교직생활 후 명예퇴직했는데 인생 2막을 자유롭게 여가생활 및 여행하면서 보내고 있다. 조카도 로스쿨 준비를 하면서 자신의 꿈을 향해서 열심히 살고 있다.

아버지는 사건사고를 많이 겪으시고 고생을 많이 하셨다. 20대에는 헌병대에 근무하실 때 복부에 칼을 맞아 수술도 했고, 40대에는 가스통이 터져서 전신화상을 입어 온몸에 붕대를 감고 1년간 생활했고, 70대에는 버스정류장에서 버스를 기다리는데 승용차가 돌진해서 오른쪽 다리를 심하게 다쳐 몇 차례 수술을 해서 세상을 떠나시기 전까지 고생을 많이 하셨다.

성격이 엄격하셔서 가족들이 힘들었던 기억이 있다. 성장기에 6.25전쟁을 겪고 생활고에 시달리면서 할머니를 도와 생계를 챙기다 보니 마음에 여유가 없이 철저히 자기관리로 빈틈이 없는 분이었다. 어머니에 대한 기억은 별로 없는데 초등학교 5학년 때 이별의 말도 없이 이혼하고 떠나버렸다. 새어머니는 아버지와 나이 차이가 많이 나고, 젊어서 누나와 나를 잘 보듬지 못했다. 성장기에 어머니의 사랑을 받아야 하는데 그렇지 못한 것이 가장 아쉽고 최대의 핸디캡이다. 새어머니도 그 나름대로 고충이었다고 생각하며 건강하게 여생을 보내길 바란다.

누나는 유일하게 DNA가 같은 현존하는 친족이다. 누나도 어려운 성장기를 겪으며 가난에서 탈출하려고 노력했다. 현재 요양병원에서 간호조무사로 열심히 살아가고 있다. 조카들로 각자 열심히 살아가고 있다. 여동생은 어렸을 때 잘 따랐던 동생이었다. 매제와 아들, 딸이 있는데 모두가 건강하고 행복하기를 바란다. 소중한 모든 분들이 건강하고 행복하기를 바란다.

친구(Friend)

　지금까지 학교, 직장, 교회 등에서 많은 지인을 사귀었는데 온전히 살아갈 수 있도록 곁에서 도와주는 친구들이다. 인연이란 우연이 아니라 필연이라고 생각하며, 인생에서 꼭 만나야 했던 사람들이 만나서 관계를 맺으며 살아가는 것이라고 생각한다. 젊을 때는 생계유지로 주위를 보지 못하고 앞만 보고 살아가다 보니 중요한 것을 놓쳤던 같다. 깊이 생각하지 못하고 일에 대한 관계만 중요시했던 것 같다. 죽마고우, 절친, 동창, 동기, 동문들을 되새겨본다.
　먼저 중학교 시절의 죽마고우들이다. 정국은 서울 필동에 있는 대한극장 뒤편에 살았는데 하교하고 놀러 가면 어머니께서 밥을 차려주셔서 정을 느끼며 끼니를 채우곤 했고, 서로의 고민을 상의하곤 하던 단짝이었다. 고등학교를 포항으로 진학하면서 연락이 끊어져 지냈다가 30년이 지난 후에 청계산 입구에서 우연히 만났는데 너무 반가웠고, 가족의 아픔이 있는데 치유되기를 기도하며 앞으로 자주 만나야겠다.

형권은 축구를 잘하고 성격이 좋고 물을 많이 마시는 친구였는데 연락이 끊겼다가 20년이 지난 후에 삼성반도체에 다닐 적 회사 내 화장실에서 우연히 만났고, 가끔 연락해서 만나는데 이천에 있는 반도체 회사에서 근무하면서 수율을 올리는 일에 기여하고 있는 K-반도체의 유능한 인재다.

고등학교 시절의 동창들이다. 특수목적 학교인 포철공고로 진학했는데 전국에서 모집하고 전원이 기숙사 생활을 하다 보니 추억을 함께한 친구들이 많았다. 포철공고 기계과 13기 친구들은 지금도 모임을 통해서 교제한다. 단짝 친구이던 석표는 선하고 대인관계가 좋고, 처음 고향을 떠나서 낯선 곳에서 생활하는 데 의지가 되었고, 서로 뜻이 잘 맞아서 서로 챙겨주며 무엇이든지 함께했다.

영찬은 외유내강으로 논리적이고 기계제도를 잘했고, 신혁은 기숙사 내무반에서 함께 생활하면서 미운 정, 고운 정을 나눈 친구다. 죽도해수욕장에서 여학생과 단체미팅도 하고, 주말에 죽도시장에 있는 단골 치킨집에서 요기를 채우기도 하고, 경주가 가까워서 여행하기도 했다.

박정희 정부 시절에 포항제철에서 전국의 우수한 학생을 모집해서 포철공고에서 기능을 습득하도록 하여 졸업 후 포항제철에 입사해서 대한민국 철강업계를 이끌어가도록 했다. 포항제철에서 30년 이상 근속하고 있는 친구도 있고, 퇴직 후에 변호사, 교수, 사업가, 교사, 대기업 임원 등으로 많은 분야에서 활동하고 있다.

대학 시절의 동창들이다. 건국대 전자공학과 친구들이 있는데 지금도 12명의 친구가 연 2회 정기모임을 한다. 진두는 지천명의 나이임에도 불구하고 전기기사 자격증을 최근에 취득하고, 전기기술사 자격취득을 위해서 열심히 공부하는 멋진 친구다.

진기는 학창 시절에 과대표로서 친구들을 잘 리드하고 긍정적이며, 자녀 두 명을 미국에 유학 보내며, 자동차 회사 센터장으로 열심히 살고 있다. 종술은 장교 출신으로 건장한 체력에 모범적이고 항상 웃으며 긍정적이고, 항공사에서 근무하고 있다. 남식은 성격이 좋고 정감이 있는 말투로 골프 실력이 프로급이라서 아마추어 골프대회에서 좋은 성적을 거두며 친구들에게 원 포인트 레슨도 해주곤 한다.

정석은 근면, 성실하며 승부 근성이 있고, 항상 새로운 것을 탐구하며 사업이 번창해서 회사 건물도 짓고 열심히 살고 있다. 장순은 마른 체구이나 강단이 있고, 일처리가 빠르고 깔끔하여 사업을 잘 운영하고 있다. 남헌은 성실하고 붙임성이 있고, K-반도체를 빛내고 있는 반도체 회사 엔지니어다. 길동은 다양한 사업을 많이 경험해서 다방면으로 지식이 많고 생활력이 강하다.

중규는 운동할 때 활력이 넘치고 파워풀하고 분위기를 띄워서 모임을 재미있게 한다. 재운은 심성이 착하고 온순하여 상대방을 편하게 해주고, 반도체 회사에서 설계를 하고 있다. 재구는 중소기업 임원으로 모범적이고 차분하다. 태완은 목동 신도시 아파트 공사장에서 함께 아르바이트를 했던 친구이고, 의리가 있는 진솔한 친구다. '상청회'라는 봉사서클에서 만난 친구들도 있는데 형우, 미희는 캠퍼스 커플이고, 거의 매일 함께 지내며 대학생활을 보냈다.

삼성 공채 32기 입사 동기들이다. 반도체 5라인 동기모임을 주기적으로 하고 있다. 반도체 현장에서 열정적으로 젊음을 불태우며 엔지니어, 관리자 등으로 각자의 역할을 잘 수행해서 반도체 성공 역사의 주역이었고, 아직 삼성에 근무하는 친구도 있고, 퇴직 후 사업하거나 재취업하며 열심히 살아가고 있다. 교회에 동갑내기로 구성된 소그룹 '파서블' 친구들이 있다. 어렵고 불안한 시기에 서로 위로가 되어주고 있다.

V

성장과정

유년 시절(Childhood)

1966년 7월, 서울시립병원에서 태어나 부모님, 누나와 함께 서울 중구 쌍림동 35-1번지에서 살았다. 그 시기는 6.25전쟁이 10여 년 지난 이후로 건물, 도로, 가옥 등이 활발하게 재건되는 상황이었고, 경제적으로는 열악한 후진국이자 개발도상국이었다.

학교에서 받는 건빵과 별사탕을 맛보며, 추운 겨울에는 검정고무신을 신고 다니며 동상에 걸리기도 했다. 수돗물 부족으로 주기적으로 급수하고 정전이 자주 일어나며, 난방으로 주로 연탄을 사용했던 시절이었다. 많은 사람들이 연탄가스로 목숨을 잃는 비극도 있었다. TV가 있는 집이 드물었고, 동네 사람들은 그 집에 옹기종기 모여 프로레슬링이나 축구경기를 보았다.

당시 박정희 정부는 '잘 살아보세~ 잘 살아보세~ 우리도 한번 잘 살아보세~'라는 구호와 함께 새마을운동과 경제개발 5개년 계획을 적극적으로 추진했다. 외국으로부터 돈과 기술을 빌려 공업을 육성하고, 인건비가 저렴하고 질 좋은 노동력을 활용하여 다양한 제품을 생산하고 수출하는 등 국가 발전을 위한 시기였다. 포항제철소, 다목적댐, 발전소 등 국가 핵심적인 산업시설이 집중적으로 건설되고, 수많은 사람들은 농어촌을 떠나 서울로 모여들었다.

할아버지는 불혹의 나이에 세상을 떠나셨고, 할머니는 6.25전쟁 직후 서울 중구에 터전을 잡고 시장에서 국밥장사를 시작하셨다. 그 당시에는 아홉 남매를 키우며 어려운 상황을 극복하셨고, 저축하여 3층 집을 짓고, 1층에는 가족이 살면서 나머지 방들은 임대했다. 할머니는 남편을 일찍 여의고도 홀로 자식들을 키우는 생활력이 강한 분이셨다. 아버지는 이발소를 운영하며 중형 자동차를 탔던 그때의 기억으로 보면 경제적으로는 어느 정도 여유가 있었다.

어머니는 미군부대에서 구한 물건이나 미국제품을 사서 파는 미제장사를 하셨는데 부산의 국제시장에 자주 다녀오셨다. 이런 이유로 어머니는 집안일보다는 밖에서 장사하는 시간이 많아져서 누나와 함께 할머니 집에서 지내는 시간이 늘었다. 어머니를 그리워하며 기다리는 마음이 크고, 어머니를 자주 못 만나서 그 얼굴이 잘 떠오르지 않았다. 어머니도 없고, 아버지도 일 때문에 거의 집에 계시지 않아 할머니 집에서 식사하고 자는 일이 자주 있었다. 고모와 삼촌들이 방문할 때마다 용돈을 주셨다.

어른들은 명절에 모이면 화투를 즐겼는데 아버지가 따기를 응원하고, 심부름으로 좁은 골목길을 달려가서 구멍가게에 다녀오곤 했다. 화투가 끝날 때는 돈을 잃어서 서로 다투기도 했는데 그때 기억으로 도박에 대한 부정적인 마음이 생겼다. 할머니는 심부름을 잘하는 손주였기 때문에 칭찬을 많이 하셨다. 김장할 때에는 고춧가루, 무, 젓갈 등이 부족하면 가까운 중부시장에 한걸음에 달려가서 사오기도 했다. 할머니는 국밥장사를 하시면서 골병이 나서 약국이 단골이 되었다. 신신파스, 활명수, 박카스를 박스 단위로 사오곤 했다.

대가족이었기 때문에 식사를 준비하는 일은 대규모 행사였다. 국민학교, 중학교, 고등학교에 다니는 사촌형과 누나들의 도시락을 싸기 위해 매일 아침 할머니와 막내숙모는 새벽에 일어나 준비했고, 동네 근처 두부공장에서 싱싱한 두부와 콩나물을 사오는 일이 나의 일과였다. 할머니와 함께 생활하면서 심부름을 잘하고 팔다리를 안마해드리며 칭찬을 받으려고 열심히 했다.

할아버지의 제삿날은 연례행사 중 하나였는데 제사상을 준비하는 과정에서 할머니와 숙모 사이에 갈등이 있었다. 얼굴 표정을 보면 느낄 수 있었는데 분위기가 냉랭하고, 서로 눈치를 주고받는 모습을 통해 가족 간의 갈등이 있다는 것을 느꼈다. 이때부터 사람들의 표정과 언어에 민감하게 반응하며 주변을 유심히 관찰하는 습관이 생겼다.

    각자의 성장배경과 경험에 따라서 가치관이 형성되기 때문에 서로 이해하고 소통하지 않으면 갈등이 생기고, 그 갈등을 해소하지 않으면 관계가 악화된다는 것을 깨달았다.

근검절약(Thrift & Saving)

　서울 퇴계로 5가에 있는 충무국민학교에 입학했는데 교내에는 충무공 이순신 장군의 동상이 있었다. 1학년 때의 기억은 잘 나지 않지만 교실에서 친구들과 모여 있는 것이 낯설었고, 특히 여자 친구들과 함께 있는 것이 어색했던 것 같다. 어머니는 매일 미제 보따리 장사를 하느라 할머니 집에 누나와 나를 맡겨두고 다녔다.
　어느 날, 갑자기 어머니를 따라서 누나와 함께 서울 신창동에 있는 외갓집으로 갔다. 3학년 때에 신창국민학교로 전학을 하게 되었는데 새로운 환경에 적응하기 어려웠다. 외갓집에는 외할머니와 외삼촌들이 함께 살고 있었고, 큰외삼촌은 베트남 전쟁 참전 중 발생한 사고로 왼쪽 다리를 절단한 참전용사였다. 그 모습을 보며 베트남 전쟁의 참상을 실감하게 되었다.
　외갓집에서 있는 동안 어머니는 계속해서 미제장사를 했기 때문에 자주 만나지 못했다. 그러던 중에 5학년 때, 부모님이 이혼하면서 아버지를 따라 누나와 함께 다시 친할머니 집으로 돌아왔다. 5학년 때 충무국민학교로 다시 전학했지만 이전에 다녔던 학교라서 주변 환경이 낯설지 않아서 적응하는 데 그리 어렵지 않았다.

어느 날, 아버지가 젊은 아주머니를 데려와 소개시켜 주었는데 그분이 새어머니가 되었고, 두 분은 방을 얻어 따로 살았고, 누나와 나는 할머니 집에서 더부살이를 했다. 젊은 새어머니는 아버지와 초혼이라서 배다른 자식인 누나와 나를 사랑으로 대하지는 못했다. 어린 시절에 모정을 느끼지 못하고 자랐기 때문에 사랑에 집착하고 관심을 받기를 원했다. 장래에 대해서 가르쳐 주는 사람도 없어서 모든 것을 스스로 판단해야 했다. 이런 성장환경이 나중에 사회생활을 하면서 새로운 환경에 잘 적응하고 생활력을 강하게 만든 이유라고 생각한다.

할머니 집에서 더부살이하면서 눈칫밥을 먹었는데 밥알이나 반찬을 떨어뜨리면 '밥알이 하늘에서 그냥 떨어지냐!'고 할머니가 야단을 치곤 하셨다. 이런 영향으로 지금도 근검절약하고 낭비하는 것을 싫어하는데 사회생활을 하면서 이러한 마음가짐이 긍정적인 면으로 작용했다. 특히 반도체 제조현장에서 불합리를 발견하여 해결하고, 낭비요소를 제거하는 데 도움이 되었다.

목표(Goal)

서울 퇴계로 5가에 있는 동북중학교에 입학했다. 공부보다는 축구를 좋아해서 친구들과 거의 매일 축구를 했다. 차범근 선수를 우상으로 삼아 백넘버 11번을 최고로 생각하던 때였다. 2학년 때, 아버지가 사고로 화상을 입으면서 심적 상태가 변하기 시작했다. 사고상황은 아버지가 LPG 가스통을 어깨에 짊어지고 집으로 들어오는 도중에 발생했다. 입구에는 연탄불이 있었고, 순간적으로 '펑' 소리가 나면서 가스통의 불이 아버지의 몸으로 옮겨붙었.

옆집 아저씨가 물을 부어 불을 껐지만 아버지의 몸은 화상을 입어 옷이 피부에 달라붙어 있었다. 앰뷸런스를 불러 응급실로 옮겨졌고, 머리부터 발끝까지 3도 화상을 입은 상태였다. 생사 여부는 지켜봐야 한다고 했다. 이 사고는 나에게 큰 충격을 주었고, 아버지가 죽을 것처럼 느껴져 울기도 했다. 미래에 대한 불안감과 돌봐줄 사람이 없을 것 같은 생각이 머리를 스쳤다.

아버지는 피부에 염증이 심하고 오염이 우려되어 전신에 붕대를 감고 매일 화상연고를 바르며 치료를 받아야 했다. 전신에 독일제 화상연고를 매일 바르면서 많은 약값이 들었고, 재산으로 이를 충당하면서 경제적인 어려움이 있었다. 이 어려운 상황에서 학교 등록금과 육성회비 등의 부담이 크게 다가왔고, 납부가 밀려서 담임선생님에게 부모님을 모셔 오라는 말씀도 들었다.

어릴 적에 이런 경험을 하면서 돈이 없으면 삶이 힘들다는 현실을 직시하게 되었고, 생각이 변하기 시작했다. 이때부터 하루빨리 돈을 벌어 가족을 돕고자 다짐하게 되었고, 누나는 조기 취업을 위해서 여자상업고등학교에 입학했다. 그 당시 경험을 통해서 인생을 향한 강인함과 성숙함을 기를 수 있는 계기가 되었고, 자수성가 해야겠다고 다짐했다.

사촌형이 성동기계공고를 졸업한 후 ㈜포항제철에 취직하여 돈을 벌고 있는 것을 보며 사촌형이 나에게 성장모델이 되었다. 당시에는 경제개발 5개년 계획으로 산업을 육성하는 시기여서 공업고등학교를 국가에서 지원했고, 성적이 좋아야 갈 수 있는 조건이었다.

아버지의 화상사고 이후 정말로 공부를 열심히 했다. 할머니에게 2층 방을 얻어 밤새워 공부하고, 교과서만 보았지만 교과서에서 나오지 않는 문제들이 시험에 나와서 어려움을 겪었다. 이를 극복하기 위해 청계천에 있는 중고서점에 가서 남이 사용했던 중고 참고서를 저렴하게 사서 지우개로 낙서를 지우고 사용했다. 교과서를 달달 외우고, 이해 가지 않는 부분은 참고서를 보면서 학업에 힘썼다.

이러한 노력의 결과로 성적이 점차적으로 올랐다. 3학년에 이르러서는 전교 500여 명 중에 32등이 되었고, 담임 선생님과 친구들이 나의 성적 향상을 보고 놀라워했다. 열등생에서 우등생으로 거듭나게 된 것은 노력과 인내의 결실이었고, 이를 통해 더 나은 미래를 향한 가능성을 열어간 시기였다.

사촌형이 ㈜포항제철에 근무하고 있었기 때문에 나는 진학목표를 포항제철 공업고등학교로 정하고 졸업 후에 하루빨리 취업하려고 열심히 공부했다. 3학년 말에는 담임 선생님과 진학상담을 했는데 성적이 우수하니까 대학 진학을 권유받았지만 경제적으로 대학에 갈 형편이 어려워서 빨리 취업해야 한다고 말씀드렸다. 포항제철 공업고등학교는 학비, 기숙사비, 식사비, 교복 등이 모두 무상이었고, 졸업 시에는 방위산업체로 군입대 없이 바로 ㈜포항제철에 취업할 수 있는 조건이었다. 담임 선생님께서 부모님을 모셔 오라고 말씀하셔서 아버지에게 포철공고에 가겠다고 뜻을 전하고 담임 선생님께 잘 말씀드리시라고 했다. 이렇게 해서 포항제철 공업고등학교에 지원하게 되었고, 전교 차석으로 기계과에 입학하게 되었다.

  아버지 사고로 인해 찾아온 어려움을 이겨내고 가난을 벗어나기 위해 열심히 공부한 결과, 열등생에서 우등생으로 거듭나 장래에 희망을 품게 되었다. 인생의 전환기였고, 목표를 정하면 달성할 수 있다는 자신감이 생겼다.

선택과 집중(Choice & Concentration)

특수목적 공고인 포항제철 공업고등학교 기계과에 입학했다. 이 학교는 ㈜포항제철에서 지원하고 양성하는 사단법인 학교로, 당시 학교장은 故 박태준 회장이었다. ㈜포항제철은 철강을 제조하여 자동차, 선박, 군수 등에 공급하는 방위산업체로서 회사에 입사하면 군대면제 특혜가 있었다. 공부보다는 기능사 자격증 취득에 우선했는데 그 이유는 자격증이 있으면 취업이 보장되었고, 자격증이 없으면 군대에 가야 하는 조건이었기 때문이었다.

학비, 기숙사비, 식비, 교복 등이 전액 무상이었기 때문에 경제적인 부담은 없었다. 친구들은 대체로 가난하고 고향이 달라 각자 사투리를 사용했기 때문에 정확히 알아듣고 적응하는 데 시간이 걸렸다. 서울 출신이라서 표준말을 사용했지만 친구들과 어울리면서 사투리를 섞어 사용하게 되었는데 지금도 초면에 만나는 사람들은 내가 서울 출신이라는 것을 잘 알아채지 못한다.

　기숙사 생활 중에 매일 저녁 10시에 취침점호를 했는데 호실, 화장실, 복도, 계단을 청소하고, 차렷 자세로 대기하며 사감에게 점검을 받았다. 불량상태 지적을 받으면 옥상에 올라가 기합을 받았다. 새벽 5시에 기상하여 운동장에서 기본체조를 하고, 학교 주변을 4km 정도 뛰면서 체력을 향상시켰다. 주말에는 포항 죽도시장에서 치킨을 먹고 해변에서 친구들과 즐거운 시간을 보냈다. 〈친구〉라는 영화를 보면 그 시절의 모습이 떠오르곤 한다.

　주말에는 ㈜포항제철에 근무하고 있는 사촌형과 함께 낚시해서 잡은 메기로 매운탕을 끓여 먹곤 했다. 형 덕분에 포항이라는 새로운 곳에 잘 적응하고 좋은 추억을 쌓을 수 있었다. 졸업 후에는 전원이 ㈜포항제철에 취업할 수 있었지만 군면제 혜택을 받으려면 기능사 자격증을 1개 이상 취득해야 했다. 나는 기계제도, 선반, 용접, 산업기능사 등 자격증 4개를 취득했다.

　고 3학년 2학기 말에 ㈜포항제철에서 현장실습을 했는데 인생의 방향을 결정하는 중요한 순간이 찾아왔다. 선배들이 땀을 흘리며 기름칠하고, 찌들고 피곤한 모습을 보며 과연 이곳에서 잘 적응할 수 있을까라는 염려와 고민이 생겼다. 이 순간에 ㈜포항제철 입사를 포기하고 대학 진학을 고려하게 되었다. 대학에 진학하면 장래에 더 나은 삶을 꾸릴 수 있을 것이라는 생각이 들었지만 동시에 대학 학비와 생활비에 대한 경제적인 어려움도 걱정되었다.

이러한 고민을 사촌형에게 털어놓고 조언을 구했을 때 본인이 원하는 대로 하면 후회하지 않을 테니 너무 고민하지 말고 마음에 따라 선택하라는 간단하면서도 현명한 조언을 받았다. 이 조언을 받고 나서 대학을 진학하기로 마음을 정했다. 부모님에게는 장기적으로 볼 때, 대학을 졸업해야 취업이 더 잘 될 것이고, 장래에 희망이 있다고 설득했다. 입학금만 내주면 그 이후의 학비, 생활비는 스스로 해결하겠다고 했다. 이렇게 해서 부모님은 대학 진학에 동의해주셨고, 담임 선생님에게도 대학 진학을 알렸다.

입시 준비에 필요한 시간이 많지 않았지만 도서관에서 살아가듯이 열심히 공부했다. 대입학력고사와 기능사 자격증 시험 일정이 겹쳐서 어려운 상황에 처했을 때, 담임 선생님에게 상황을 설명하고 대입학력고사에 임했다.

다음날에 자격증 시험을 보지 않아서 기술 선생님에게 이에 대한 처벌을 받았는데 밀대자루로 등과 머리를 맞아 쓰러지는 등 매우 힘든 상황이었다. 이런 어려운 상황에서도 지금까지의 선택과 그 결과에 대해서 후회는 없었다. 전교 석차가 1% 이내인 학생들은 졸업 후 포철에 취업하거나 대학 진학하거나 자유롭게 할 수 있는 혜택이 있었는데 그에 해당되었다.

인생에서의 선택은 그 순간의 상황과 조건에 따라 삶을 크게 바꿀 수 있음을 깨닫게 되었다. 어떤 선택을 하는가에 따라 미래의 상황이 완전히 달라지고, 선택한 길에 집중해야 목표를 달성할 수 있으며, 이를 통해 후회 없는 삶을 살 수 있다는 것을 깨달았다.

열정(Passion)

첫 대학입시는 결과는 좋지 않아서 재수를 하게 되었다. 포철공고를 다니면서 인문 과목보다는 기술 과목과 실습 위주로 하다 보니까 내신성적은 1등급이었으나 대입학력고사에서는 국, 영, 수 점수가 저조했다. 재수하면서 국, 영, 수에 집중하기 위해서 서울역 부근에 있는 대일학원에서 유명강사를 찾아가 강의를 들었다. 학원비를 마련하기 위해 여러 아르바이트를 하며 자신의 선택을 신뢰하며 자신감을 가지고 나아갔다. 여름철에 공부가 안 되고 힘들 때, 남산타워에 자주 올라가서 '나는 할 수 있다'고 외치며 마인드 컨트롤하며 이게 마지막이라는 생각을 가지고 공부했다.

이렇게 한 결과로 건국대학교 전자공학과에 합격하면서 더 나은 미래가 될 것이라는 기대로 가슴이 뛰었다. 이러한 경험과 노력은 향후의 삶에서도 소중한 자산이 되었고, 더욱 단단해지고 성장했다.

입학금은 할머니와 친척분들의 도움으로 해결했고, 이후 학비와 생활비는 스스로 아르바이트를 해서 해결하고자 다짐했다. 무인도에서도 살아남을 수 있다는 자신감이 있었다.

대학 첫날에 과대표를 선출했는데, 고교 시절 기숙사 단체생활과 반장 경험을 통해 얻은 것들이 도움이 되었다. 서로 소통하고 협력하며 단합하여 최고의 과를 만들고, 헌신과 봉사를 약속하고 강한 의지를 보여주어서 과대표가 되었다. 이러한 경험을 통해서 소통하고 봉사하는 리더십이 몸에 배였다.

1학년 2학기 학비를 마련하기 위해 여름방학에는 친구의 어머니가 일하시는 목동 신도시 아파트 건설현장에서 무거운 등짐을 지고 계단을 오르내리며 막노동을 했다. 녹이 슨 못에 발바닥이 찔려서 성냥의 유황불로 지지며 소독하는 등 어려움도 있었지만 앞으로 잘 될 거라는 자신감으로 스스로 뿌듯함을 느꼈다.

2학년 학비와 용돈을 벌기 위해 계속해서 아르바이트를 찾았는데 가스레인지를 점검하고, 녹이 난 부분을 사포로 닦아주고, 라커로 칠하는 일, 신문배달, 책판매, 수학과외 등도 했지만 학비와 생활비는 턱없이 부족했다. 한 학기에 최소 120만 원이 필요했기 때문에 강의를 들으면서 효율적인 일자리를 찾아야 했다. 그러던 중 대학 1학년 2학기를 마치고 12월 크리스마스 시즌에 좋은 아르바이트가 선물처럼 찾아왔다. 학생회관 공고문에 '한국마사회 마필예시원'을 모집하는 내용이고, 매주 토, 일요일 2일만 일하면서 월 20만 원을 받을 수 있는 좋은 조건이었다.

경마 시작 전에 말의 고삐를 잡고 원형 트랙을 돌면서 말의 건강 상태를 사람들에게 보여주는 일이었고, 한국마사회에 지원하고 면접을 통과해서 일을 시작했다. 이렇게 학비와 생활비는 해결돼서 학업에 집중할 수 있게 되었고, 대학 졸업할 때까지의 학비와 생활비를 저축하고 마지막 학기를 남겨놓고 군에 입대했다.

대학생활을 하면서 동아리를 찾던 중에 '상청회'라는 봉사동아리에 가입하여 음성꽃동네, 파주보육원 등을 방문하며 장애인과 소외계층을 돕는 활동을 하면서 사회적 약자에 대한 인식과 측은지심이 생겼다. 또한 이성에 대한 관심이 높아지면서 친구들과 단체미팅을 했는데 여학생이 소지품을 내놓고 남학생이 골라 파트너를 정하는 이벤트는 항상 즐거운 추억으로 기억된다.

학교 정문의 좁은 골목길로 들어가면 마주하게 되는 할머니 파전집은 가난한 학생들에게는 가장 친숙한 단골집으로 그 당시 인기가 많았던 곳이고 추억의 장소다. 30년이 지난 지금, 성수동은 젊은이들의 핫플레이스가 되었다. 자수성가를 위해서 학업에 열정을 쏟았고, 이러한 경험들은 지금까지도 소중한 추억으로 남아 있다.

좌우명(Motto)

누구나 성장하면서 보고 느끼고 겪고 깨닫게 되는 것으로 가치관이 형성되고, 이를 좌우명으로 삼아 살아가는 데 큰 의미가 있다. 각 개인의 삶과 환경이 모두 다르기 때문에 옳고 그름으로 판단하기 어려우며, 존중과 이해의 마음으로 서로 다르다는 것을 인식해야 한다.

나의 좌우명은 '근검절약! 불가능이란 없다! 무인도에서도 살아남는다!' 3가지다. 부지런하고 검소하고 아끼며, 마음만 먹으면 모든지 가능하고, 포기하지 않고 노력한다면 어떠한 어려움도 극복할 수 있다는 생각이 바탕이다.

어린 시절에 부모님의 이혼으로 인해 할머니의 집에서 더부살이하면서 겪은 경험 중 하나는 밥상에 밥알을 떨어뜨리면 주워 먹으라고 호통하시던 할머니의 가르침이다. 처음에는 무섭기도 했지만 나중에는 틀린 말이 아니었음을 깨달았다. 또한, 화장실 나올 때 불을 켜놓거나 수돗물을 틀어놓을 때에 지적받으면서 '근검절약'에 대한 마인드를 알았고, 항상 부지런해야 한다고 말씀하셨다.

중학교 1학년까지는 공부에 흥미가 없었지만 아버지의 화상사고로 경제적으로 상황이 어려워지면서 가난을 벗어나기 위해서는 공부가 중요하다는 것을 깨달았다. 사촌형이 훌륭한 성적으로 고등학교를 졸업하고 포항제철에 입사하는 것을 목격하며 열심히 공부해야 한다는 다짐을 했다. 나폴레옹의 명언 중 '내 사전에 불가능이란 없다'라는 말을 떠올리며 밤을 새워가며 공부한 결과, 열등생에서 우등생으로 도약하는 작은 성공을 맛보았고, 원하던 포항제철공업고등학교에 입학했다. 그때부터 '불가능이란 없다'는 말을 마음에 새기며 어려운 상황에 직면할 때마다 극복해 나갔다.

대학 입학 때 등록금이 없어서 할머니와 친척들의 도움으로 시작했고, 이후로는 학비와 생활비를 마련하기 위해 여러 아르바이트를 했다. 건설현장, 책판매, 과외, 가스점검, 교통안전, 방범, 봉제공장, 경마장 등 다양한 아르바이트 경험을 통해 돈을 벌며 대학을 졸업했다. 이러한 과정에서 '무인도에서도 살아남는다'는 자신감으로 어려움을 극복했다. 이러한 성장과정을 통해 얻은 것들이 좌우명이 되어 인생을 살아가는 중요한 기준이 되었다.

비전(Vision)

　군대는 대학 4학년 1학기까지 마치고 입대했는데 다른 이들보다 나이가 많아서 여러 면에서 힘들었다. 병무청에서 신체검사를 받아 시력이 0.2로 나빠 3등급을 받아 단기사병으로 배치되었다. 경기도 예비군 교육대대에서 근무하게 되었는데 오전 8시까지 내무반 생활을 하고 오후 5시에 귀가했다. 내무반에서는 현역들로부터 기합을 받으며 힘들게 생활했다. 예비군 교육, 훈련, 행군, 전투훈련 등을 진행하면서 물집이 생기고 무릎을 다치기도 했다. 나이가 많아 군대생활은 특히 힘들었지만 국방의 의무를 다하기 위해 버티어냈다.
　복학 전에 대학 후배들과 함께 지리산을 등반했다. 장터목산장에서 자고, 새벽에 일어나서 일출을 보기 위해서 천왕봉으로 향했다. 산에 오르면서 모세가 십계를 들고 산을 오르는 영화에서 본 웅

장하고 장대한 모습이 연출되었다. 천왕봉에 도착한 순간, 붉은 태양이 떠오르는 모습을 보면서 앞으로 다가올 미래가 밝을 것이라고 생각하면서 희망을 느꼈다.

에필로그

21C 초일류기업이 되길

K-반도체 성공스토리에 대해서 그 순간들을 기억하며 글로 남기고 싶은 생각에 책을 쓰기 시작했다. 부족한 부분이 있겠지만 K-반도체 제조현장에 대해 더 깊게 알리고자 했다.

반도체 현장에서 재직하는 동안에 경험했던 일들을 가감 없이 작성하여 부정적으로 표현된 내용도 있지만 불합리를 개선하여 발전한다는 측면에서는 긍정이라고 평가를 받고 싶다. 이러한 체질과 습관 또한 삼성에서 습득한 현장의 불합리를 지나치지 않고 개선해야 한다는 의식의 산물이다. 이 책에 대한 내용은 1992년부터 2013년까지 국한된 것이다.

삼성은 반도체 메모리 세계 1위가 되어 명성을 떨치고 있고, 앞으로 21C 초일류기업으로 성장하여 지속경영 가능하고 존경받는 회사가 되기를 응원한다. 또한 이 책을 통해서 독자들이 새롭게 알게 된 내용으로 지식을 넓히는 데 도움이 되길 바란다.

다니엘 우(Daniel Woo)